왜
『조선왕조실록』은
왕이 볼 수
없었을까?

교과서 속 역사 이야기, 법정에 서다

29
역사공화국
한국사법정

왜 유자광 vs 김일손

『조선왕조실록』은

왕이 볼 수

없었을까?

글 김경수 | 그림 고영미

|주|자음과모음

"권력은 언론에서 나온다."

21세기를 사는 우리에게 던져진 새로운 화두이지요. 그런데 이미 조선 시대에도 언론이 가진 막강한 힘을 알고 있었답니다.

특히 정치가 이루어지는 모든 자리에 참석해서 직필을 목숨처럼 여겼던 사관의 활동은 조선의 언론을 이해하는 데 중요한 출발점이지요. 여론에 흔들리지 않고 쓰는 직필과 강한 윤리성, 비판 정신을 두루 갖춘 사관의 기록을 살펴보는 것은 막중한 역사적 책임이 붓끝에서 시작된다는 걸 잘 알 수 있게 합니다.

폭군이라고 일컬어지는 연산군의 시대에도 언론이 지닌 막중한 책임을 지키고자 자신의 목숨을 내놓은 사람이 있습니다. 바로 사관 김일손이지요. 왕에게도 보이지 않는다는 사초, 그 역사적 내용을 바꾸려고 몸부림친 사람들은 사관의 붓을 꺾고 목숨을 거두어 갔지만, 그 같은 시도는 별로 성공적이지 못했습니다.

여러분은 연산군 시대에 벌어진 무오사화에 대해 들어 본 적이 있나요? 지금으로 치면 거대 여당이었던 훈구파 세력과 소수 야당이었던 사림파 세력이 격돌해서 벌인 일대 싸움인데요, 결국 훈구파의 승리로 끝납니다. 그러나 역사를 돌이켜 볼 때 과연 승리자는 누구였을까요?

조선 왕조가 왕권이 절대적으로 강했던 나라였다고 생각한다면, 오늘의 공방이 조금은 낯설지도 모릅니다. 조선 왕조에서도 열린 정치를 하기 위해 왕과 신하가 만날 경우에는 꼭 사관을 투입했습니다. 밀실 정치, 음모 정치를 피하기 위해서이지요. 또 사관이 쓴 사초는 왕도 보지 못하도록 기밀 유지에 만전을 기했습니다. 권력의 입김이 닿으면 오늘의 신문 기자와 같았던 사관의 붓이 비뚤어질 거라는 우려 때문이었습니다. 따라서 상대적으로 자유로웠던 조선 시대 언론인은 서슴없이 왕의 정치를 비판했답니다.

유자광 대 김일손의 공방을 오늘날의 정치가들, 신문사와 기자의 역할과 비교해 보면 남다른 재미를 느낄 수 있을 겁니다.

지난날 사관이 남겨 둔 기록 중 일부를 볼까요?

태종이 사냥을 나갔다. 왕의 사냥 놀이인 만큼 고위 관료는 물론이고 궁녀와 내시까지 대규모 인원이 사냥터에 동행했다. 그런데 태종이 사냥터에 도착해서 말에서 내리다가 떨어지고 말았다. 말에서 떨어진 태종은 다음과 같이 말했다. "이곳 사냥터에 사관이 따라왔는가? 내가 말에서 떨어진 것을 기록하지 못하게 하라"고 말했다.

-『태종실록』

사관은 태종이 말에서 떨어진 사실은 물론, 그걸 기록하지 못하게 하라는 말까지 낱낱이 사초에 기록했습니다. 이 때문에 "내가 두려워하는 것은 하늘과 사관뿐이다"라는 왕의 고백이 있는 것이겠지요.

과연 원고 유자광이 제기한 소송에 대해 한국사법정은 어떤 판결을 내릴까요? 나라를 위해 사초의 내용을 연산군에게 알릴 수밖에 없었다는 원고 유자광, 목에 칼이 들어와도 사관의 직필과 비판 정신을 지키겠다는 피고 김일손. 둘 중 누구의 말이 정답일까요? 함께 추측해 보며 한국사법정의 관객으로 참여해 볼까요?

김경수

차례

『조선왕조실록』은 조선의 역대 왕들의 역사를 날짜순으로 기록한 역사책이다. 조선 시대에는 사관이 왕과 신하가 나눈 대화를 모두 기록하였는데 이를 '사초'라고 하며, 이것은 이후 실록 편찬의 중요 자료가 되었다.

조선의 기틀이 마련되면서 각종 서적이 편찬되었다. 특히 조선은 역사책의 편찬에 많은 관심을 기울였다. 왕이 죽은 후에는 반드시 통치 기록을 정리한 실록을 편찬하여 정치의 모범으로 삼았는데, 『조선왕조실록』은 세계에 자랑할 만한 기록 문화유산으로 평가받고 있다.

중학교　　역사

V. 조선의 성립과 발전
　2. 민족 문화의 발달
　　(1) 훈민정음의 창제와 편찬 사업

V. 조선의 성립과 발전
　3. 사림 정치와 성리학 질서의 확립
　　(1) 사림 세력의 성장

『선조실록』에 의하면 훈구 세력인 남곤이 꿀로 나뭇잎에 '주초위왕' 네 글자를 쓰고 이것을 벌레가 갉아 먹게 했다. '주초위왕'은 '조씨가 왕이 된다'는 뜻으로 역모를 의미하였고, 이것은 기묘사화의 시작이 되었다.

조선 시대에는 민족 문화에 대한 자부심을 드러냈고 왕조의 정통성에 대한 역사서 편찬도 활발하였다. 특히 한 왕 대의 역사를 후대에 남기기 위해 실록을 지속적으로 편찬하였는데, 이것이 바로 『조선왕조실록』이다. 『조선왕조실록』은 오늘날 세계 기록 유산으로 인정받고 있다.

1453년	계유정난
1456년	사육신 사건
1457년	단종을 노산군으로 강등, 단종 죽음
1463년	홍문관 설치
1466년	과전법 폐지, 직전법 실시
1467년	이시애의 난
1468년	남이, 강순 등 반역으로 사형됨 예종 즉위
1469년	성종 즉위
1494년	연산군 즉위
1496년	무오사화
1504년	갑자사화
1506년	중종반정

1453년	비잔티움 제국 멸망
1455년	장미 전쟁 발발(~1485)
1461년	영국, 요크 왕조 시작(~1485)
1479년	에스파냐 왕국 성립
1482년	유럽 인의 아프리카 진출
1488년	바르톨로메우 디아스, 희망봉 발견
1492년	콜럼버스, 제1차 항해
1493년	콜럼버스, 제2차 항해
1497년	아메리고 베스푸치, 제1차 항해
1498년	바스코 다 가마, 인도 항로 발견 콜럼버스, 제3차 항해
1501년	아메리고 베스푸치, 제3차 항해

원고 유자광(1439년~1512년)

나는 조선 중기의 정치인이오. 서자 출신이어서
벼슬길에 오르기 힘들었지만 타고난 기지와 술수
로 한가락 해 먹었소. 김일손의 사초를 문제 삼아
무오사화를 일으킨 장본인이기도 하지요. 그러나
덕분에 그의 스승인 김종직과의 오랜 원한을 풀
수 있었다오.

원고 측 변호사 김딴지

나, 김딴지 변호사는 잘못된 역사를 바로잡는 데
혼신의 힘을 쏟는 변호사입니다. 새로운 눈으로
역사를 바라보고, 그에 대한 소송이 있으면 어디
나 달려가기에 딴죽 걸기의 달인으로 통하지요.

원고 측 증인 **연산군**

나를 폭군으로 매도하는 자들이 많은데, 그런 놈들은 어디 한번 나와서 임금 노릇 좀 해 보라고 해. 배웠다고 아는 척하며 나에게 사사건건 시비를 걸고 잘난 척한 사림파 놈들을 좀 없앴기로서니 그게 뭐 대순가?

원고 측 증인 **이극돈**

내 아버지는 우의정을 지내신 분이오. 나를 비롯해 다섯 형제가 모두 문과에 급제한 조선 전기 최고의 문벌 가문이지요. 그런 나를 끌어내리려는 오만불손한 김일손과 사림파 일당을 그냥 두었다간 대대로 집안의 수치가 되었을 것이오. 젊은 시절 잠시 작은 비행을 저질렀기로서니 내 잘못을 낱낱이 실록에 기록해 집안 대대로 망신살 뻗치게 하는 행위를 두고 볼 수는 없지요.

판사 **공정한**

나는 역사공화국에서 공정하기로 소문난 공정한 판사입니다. 변호사들에게 엄하게 대할 때도 있지만, 역사에 대한 호기심과 공정한 판결에 대한 노력은 나를 능가할 사람이 없지요.

피고 김일손(1464년~1498년)

내게 죄가 있다면 사관의 도리를 지킨 것뿐인데, 그것을 빌미로 날 사지로 내몰다니! 눈에 불을 켜고 우리 사림파를 내몰 궁리를 하던 유자광 등 썩어 빠진 훈구파 일당에게 빌미를 주었다는 것이 원통할 따름이오. 결국 모든 일은 역사가 판가름해 줄 것이오.

피고 측 변호사 이대로

역사공화국의 명변호사 이대로입니다. 역사적 진실을 뒤집으려고 뻔한 수작을 걸어오는 원고들을 장풍으로, 아니 입심으로 날려 버리는 백전백승 불패 신화의 주인공이지요.

피고 측 증인 권달수

나는 성종 임금 때 사관이었던 권달수라 하오. 『성종실록』 편찬에 참여했고, 사관의 본분을 충실히 하고자 여러 제도를 건의하기도 했소.

피고 측 증인 이심원

나는 효령 대군의 증손으로 왕실의 종친이라오. 그러
나 불우한 시대에 태어나 권세를 누리기는커녕 유배
를 당하고 목숨을 잃고 말았소. 나는 요순시대의 도
덕 정치를 따르고자 했던 내 신념에 따라 산 것을 후
회하지 않소.

피고 측 증인 김종직

나는 단종 임금 때 벼슬에 올라 세조 임금의 왕위 찬
탈을 모두 지켜본 사람이오. 무오사화의 발단이 되는
「조의제문」은 내가 지은 글이라오.

피고 측 증인 나역사(가상 인물)

왕이 하늘 다음으로 무서워했던 게 역사를 기록하는
사관이었다지요? 사관의 기록을 왕도 못 보게 했던
조선 시대, 직필을 아끼지 않았던 사관들의 역사의식
을 본받고 싶은 역사학자입니다.

"간신배라는 내 이미지를
확 바꿔 주시오!"

여기는 으리으리한 유자광의 대저택. 살아서도 권세를 누린 유자광은 죽어서도 재물을 모으는 데 남다른 재주를 발휘해 저승에서도 으리으리하게 살고 있었다.

유자광은 너른 마당에서 한창 연회를 즐기는 중이었다. 아름다운 무희들이 너울 같은 날개옷을 입고 멋들어지게 춤을 추고 있었다. 동료와 신하들, 군사들이 부어라 마셔라 술을 마셔 대는 통에 그도 거나하게 취해 있었다.

그때 부리는 종 하나가 부리나케 뛰어 들어왔다.

"대감마님, 급한 전화가 왔습니다요!"

종이 쥐어 주는 휴대폰을 건네받은 유자광은 술김에 호기롭게 외쳤다.

"나, 유자광이오. 대체 누가 연회 중간에 전화를 한단 말이오?"

"이극돈일세. 지금 정신이 있는가 없는가?"

평생 운명을 함께한 동지 이극돈이 불같이 호통을 쳤다. 기생을 옆에 끼고 시시덕거리던 유자광은 순간 정신이 번쩍 들었다.

"아니, 오시라는 연회는 안 오시고 대체 어인 일이오?"

"당장 텔레비전을 켜 보시게. 우리가 나오고 있단 말이야!"

유자광은 도대체 무슨 일인가 싶어 잽싸게 집 안으로 들어가 텔레비전을 틀었다. 이극돈의 말대로 텔레비전에서는 역사 드라마가 나오고 있었다. 연산군의 옆에 서 있는 것은 자신과 이극돈이었다. 그런데 보면 볼수록 화가 치밀어 견딜 수가 없었다. 자신은 천하의 간신으로, 이극돈은 탐욕스런 재상으로 그려 놓은 것이었다.

"에잉, 고얀지고! 대체 어떤 인간들이 저따위 막돼먹은 드라마를 만들었단 말이냐! 에잉."

화가 난 유자광은 그대로 보료에 누웠다. 그러나 도전을 받으면 절대 물러나지 않는 사나이, 특히 당한 만큼 그대로 복수해 주는 보복의 달인 유자광은 이 같은 치욕을 절대 잊을 수 없었다. 밤새 끙끙 앓고 났더니 어금니가 퉁퉁 부은 것이 몰골마저 흉악했다. 여종 아이가 가져온 밥상도 마다하고 집 안을 우왕좌왕하는데, 지난 신문 한 귀퉁이에 있는 글자가 그의 눈에 확 들어왔다.

"딴죽 걸기의 달인, 김딴지 변호사! 역사에서 소외된 인물의 변론을 해 드립니다. 시원한 가격으로!"

유자광은 옳다구나 했다. 늘 자신에 대한 평가가 못마땅했던 유자

광에게 역사공화국 한국사법정은 신선한 매력으로 다가왔다.

"당장 채비하여라. 김딴지 변호사를 찾아갈 것이니라!"

잠시 뒤, 김딴지 변호사는 호화로운 비단옷을 입고 사무실에 들어서는 손님을 맞이했다.

"당신이 김딴지 변호사요?"

"그렇습니다만…… 누구신지?"

"에잉, 나는 유자광이라고 하오! 당신 소문은 익히 들었소만."

"아하, 사건 의뢰를 하시렵니까?"

"그렇소. 드라마에서까지 나를 간신배로 그리다니 정말 못마땅하오. 어떻소, 이길 자신은 있는 거요? 딴죽은 잘 걸지만 승소율은 낮다던데."

김딴지 변호사는 딴죽 걸기의 달인인 자신에게 딴죽을 거는 유자광의 말에 고개를 외로 꼬았다.

"저 말고 이 사건을 맡아 줄 변호사가 있으면 거기 부탁하세요!"

유자광은 잠시 생각하는 눈치더니, 비단에 둘둘 싼 뭉치를 김딴지 변호사의 책상 위로 던지듯 내려놓았다.

"이게 뭡니까?"

"수임료요. 내 이미지를 대변신시켜 주면 고래등 같은 기와집을 하나 해 주겠소!"

김딴지 변호사는 팔짱을 끼더니 여유 있게 말을 되받았다.

"그 정도로 되겠어요? 타워팰리스나 백악관 정도는 되어야지!"

"허, 거 자신감 하나는 넘치는군. 이제 김 변호사도 이미지를 높여 봐요. 승률이 그렇게 낮아서야 원."

김딴지 변호사는 유자광이 가고 난 자리에 소금을 마구 뿌렸다.

"에라이, 이걸 수임해, 말아? 성질 같아서는 확 던져 버리고 싶지만 워낙 구미가 당기는 내용이라서 말이야. 무오사화를 일으킨 유자광이 되레 김일손을 고소한단 말이지? 아이고, 이놈의 못 말리는 호기심에 안 할 수도 없고. 어쩌겠어, 사람이 좋아서 사건을 맡나? 사건이 내 흥미를 자극하니까 더러워도 참아야지……."

유자광-김종직-김일손

    남이 장군의 부관이었다가 세조의 총애를 받아 높은 벼슬자리에 오르게 된 유자광과 『조선왕조실록』의 사관으로 일하던 김일손, 김일손의 스승이자 사림파의 존경받는 인물인 김종직은 오랜 세월에 걸쳐 악연으로 연결되어 있었습니다.

    김종직은 유자광이 남이 장군을 모함한 사실을 알게 되자 유자광을 경멸했지요. 그래서 학사루라는 현판에 걸린 유자광의 시를 떼도록 하였고 '소인배의 글'이라 하며 불사르도록 하였습니다. 이 일은 유자광의 귀에까지 들어가게 되고, 유자광은 이 일로 김종직에게 앙심을 품게 되지요. 이후 김종직은 중앙 정치에서 물러나 제자들을 기르는 일에 매진하게 됩니다. 그러나 유자광은 김종직에게 받은 모욕을 잊지 않았지요.

    김종직은 병으로 세상을 떠났지만 그의 뒤를 잇는 많은 제자가 있었습니다. 사관이었던 김일손도 그의 제자였지요. 스승을 존경하였던 김일손 역시 스승과 마찬가지로 부정부패를 눈 뜨고 보지 못했습니다. 그래서 훈구파인 이극돈이 잘못한 일을 사초(사관이 날마다 일어나는 역사적 사실을 기록한 초고)에 기록하였지요. 이 일은 이극돈에 의해 유자광의 귀에 들어가게 됩니다. 또한 유자광은 김종직이 세조의 왕위 찬탈을 비난하는 내용의 글인 「조의제문」을 지었고 그 글을 김일손이 사초에 기록했다는 것도 알게 되었지요.

김종직에 대해 묵은 원한을 가지고 있던 유자광은 이 일을 김종직과 김일손을 비롯한 사림의 세력을 꺾는 기회로 삼습니다. 김일손이 사초에 쓴 것은 나라에서 큰 행사가 있을 때 예전에 어떻게 했는지 참고할 경우를 제외하고는 왕조차도 함부로 볼 수 없는 것임에도 불구하고 이를 왕인 연산군에게 고해바친 것이지요.

이 일로 김종직의 무덤이 파헤쳐지고 김일손은 처형당하는 등 사림이 큰 화를 입게 된답니다.

김일손의 스승이자 사림의 큰 인물이었던 김종직

| 원고 \| 유자광 | 대리인 \| 김딴지 변호사 |
| 피고 \| 김일손 | 대리인 \| 이대로 변호사 |

청구 내용

　나는 조선 중기 정치인인 유자광입니다. 비록 서자의 신분으로 태어났지만 타고난 기지로 벼슬길에 올랐습니다. 그런데 후세 사람들은 나를 비열한 정치인으로 매도하고 권력만 좇는 사람으로 생각합니다. 간혹 그러한 행위를 한 것은 인정하지만, 그 모두 크게 보면 나라를 위한 것이었습니다. 연산군을 부추겨 무오사화를 일으킨 장본인으로 나를 매도하는 역사를 보면 탄식을 금할 길이 없습니다. 왕조를 뒤흔들려는 부정한 세력을 제거하려는 충심에서 나온 결단이었기 때문입니다.

　아시다시피 김종직은 단종을 폐위하고 왕위를 승계한 세조의 행위를 유교적 명분에 어긋나는 찬탈이라고 한 「조의제문」이라는 글을 썼습니다. 김종직의 제자요, 당시 사관이었던 김일손은 이 글을 그대로 사초에 실었습니다. 그 의도가 뭐겠습니까? 바로 옛일을 거짓으로 꾸며 내어 나라를 위태롭게 할 반역을 꿈꾼 것이지요. 나는 이 일이 나라를 뒤흔드는 위험한 일이라고 판단해 곧장 왕에게 알려 대역 죄인을 처벌하게 했습니다. 바로 무오사화이지요.

　그러나 나라와 백성을 위해 옳은 일을 한 나에게 후대 사람들은 간신배라는 누명을 씌웠습니다. 무오사화를 일으켜 나라를 위태롭게 하고 무고한 선비들에게 화를 입혔다고 비난하니 억울한 심정을 금할 길이 없습니다.

　이는 모두 사관들이 나에 대해 나쁘게 기록했기 때문입니다. 따라서 나는 오늘 한국사법정에서 당시 김일손 등 사림파 학자들이 저지른 잘못을 낱낱이 밝혀 역사를 바로잡고자 합니다.

입증 자료

- 중학교 역사 교과서
- 고등학교 한국사 교과서
  그 외 자료 추후 제출하겠음.

위 청구인 유자광
역사공화국 한국사법정 귀중

『조선왕조실록』은 누가 기록했을까?

1. 『조선왕조실록』은 어떤 책일까?
2. 사관, 역사를 기록하다

『조선왕조실록』은 어떤 책일까?

한국사법정의 인기는 오늘도 식을 줄 몰랐다. 빽빽이 들어찬 방청객들은 눈에 빛을 내며 오늘 벌어질 공방을 내심 기대하는 눈치였다.

"오늘 재판은 뭐래?"

"오늘도 대단한 싸움이 되겠어. 혹시 **무오사화**를 일으킨 장본인이 누군지 알아?"

"아하, 간신배 유자광 아니야? 유자광이 선비를 싫어하는 연산군을 부추겨 사림파 선비들을 몰살시킨 거잖아!"

"바로 맞혔어! 그런데 그 유자광이 억울하다며 김일손과 사림파를 상대로 소송을 제기했대."

그 소리를 들은 방청객들 사이에서 탄식 소리가 들렸다.

"에끼, 말도 안 되는 소리! 유자광이 뭘 잘한 게 있다고 김일손을 고소해? 유자광의 **권모술수** 때문에 목숨을 잃은 사람이 바로 김일손이잖아!"

"그렇게 뻔뻔하니 대대로 여러 왕의 비위를 맞추며 살았겠지."

한 방청객이 유자광이 김일손을 고소한 이유를 물었다.

"유자광 말로는 나라를 위해서 김일손을 왕에게 일러바친 거래. 세조 임금을 모함하는 건 불손한 일로 나라의 기강을 뒤흔드는 일이라는 거지. 충심을 다한 건데, 김일손과 사림파 때문에 자기가 간신배로 몰렸다는 거야."

"하, 거참……."

방청객들은 유자광의 뻔뻔함에 할 말이 없는지 쓴 입맛만 다셨다.

"이키, 저기 봐라. 유자광 그놈, 참 뻔뻔하게도 생겼다!"

"저러니 대대로 왕 밑에서 손에 지문이 없어지도록 싹싹 문지르며 살았겠지."

원고석에 앉은 유자광을 본 방청객들이 저마다 한마디씩 하느라 법정이 시끄러웠다. 이때 검은 법복을 입은 판사가 걸어 들어와 법정을 휘휘 둘러보고 자리에 앉았다.

판사   자, 오늘 재판은 무엇인가요? 원고 측 변호인이 사건에 대해 설명해 주세요.

김딴지 변호사   네, 판사님. 조선 시대 폭군으로 널리 알려진 연산군이 일으킨 무오사화를 잘 알고 계실 겁니다. 오늘 사건은 연산군

무오사화
1498년(연산군 4), 유자광 중심의 훈구파가 『성종실록』에 실린 사초 「조의제문」을 트집 잡아 김종직 중심의 사림파를 죽이거나 귀양 보낸 사건입니다.

권모술수
목적을 달성하기 위해 수단과 방법을 가리지 않는 온갖 모략이나 술책을 뜻합니다.

사관
역사의 편찬을 맡아 초고 쓰는 일을 하던 벼슬 또는 그런 벼슬아치를 말합니다.

이시애
조선 세조 때의 무신입니다. 회령 부사를 지냈으며, 나라에서 북방민의 등용을 억제하고 지방관을 중앙에서 파견하자 불만을 품고 1467년(세조 13)에 반란을 일으켰으나 실패하여 참형에 처해졌습니다.

을 부추겨 김일손을 비롯해 사림파 일당을 죽음으로 내몬 것으로 알려진 유자광이 사관 김일손을 고소한 것입니다.

판사 아니, 유자광이 김일손을 고소했다고요? 흠. 소송을 낸 이유는 무엇인가요?

김딴지 변호사 사실 유자광은 나라를 위하는 충심에서 김일손의 잘못을 연산군에게 귀띔했습니다. 그런데도 도리어 간신배로 낙인 찍혔으니, 소송을 통해 김일손 등 사림파의 비리를 낱낱이 밝히고 자신의 명예를 회복하겠다는 것입니다.

판사 그런가요? 사실 나도 유자광은 천인공노할 간신배로 자신들의 세력을 확장하기 위해 김일손을 비롯한 사림파를 제거한 것으로 알고 있는데…… 널리 알려진 생각을 뒤집으려면 확실한 근거가 있어야겠죠. 원고 측은 자신 있습니까?

김딴지 변호사 자신 없다면 시작도 안 했겠죠? 이번 재판을 통해 김일손과 사림파의 비리를 낱낱이 파헤치겠습니다.

판사 알겠습니다. 그러면 본격적인 재판에 들어가겠습니다. 먼저 원고 측, 소송을 제기한 이유를 더 자세하게 말씀해 주세요.

김딴지 변호사 유자광은 조선 전기 문신이었던 유규의 서자로 태어났습니다. 비록 출신이 미천했으나 이시애의 난을 진압한 공을 인정받아 세조의 특별한 배려로 벼슬길에 오른 인물입니다. 아시다시피 이시애의 난은 세조 13년인 1467년, 함경도의 호족이며 회령의 전 수령이었던 이시애가 왕권 찬탈을 노리고 일으킨 반란입니다. 유자광은 이시애의 난이 일어나자 스스로 출전하여 공을 세웠고, 이때부터 세조는 유자광을 자기 사람으로 신임하고 벼슬길을 열어 주었습니다. 사실 당시 관료들은 신분이 미천한 유자광을 뽑을 수 없다며 반발했으나, 세조가 이 같은 반발을 무마하고 벼슬을 준 것이지요. 이처럼 하해와 같은 은혜를 입은 유자광이 세조를 모욕하는 글인 「조의제문」을 쓴 김종직을 그냥 두고 볼 수 있었겠습니까?

판사   그러면 유자광은 사사로운 감정에 사로잡혀 무오사화를 일으켰다는 말인가요?

김딴지 변호사   아닙니다. 그만큼 세조 임금에 대한 충성심이 깊었다는 것입니다. 무오사화는 원고가 사사로운 감정에 사로잡혀 일으킨 것이 아니라 사림파의 스승인 김종직이 쓴 「조의제문」이란 글에 문제가 있었기 때문에 발생한 것입니다.

판사   「조의제문」은 정확히 어떤 내용인가요? 그것을 알아야 배심원 여러분이 판단을 내리는 데 도움이 될 것 같습니다.

김딴지 변호사   내용을 다 소개하자면 다소 긴데, 괜찮을까요?

김딴지 변호사의 물음에 판사가 쓴웃음을 지었다.

판사   사건의 발단이 된 글이므로 내용이 길더라도 자세하게 설명해 주세요.

김딴지 변호사   그럼 「조의제문」의 내용을 자세하게 설명해 드리

하해
큰 강과 바다를 아울러 이르는 말입니다.

「조의제문」
조선 성종 때 김종직이 세조의 왕위 찬탈을 빗대어 지은 글입니다. 진나라의 항우가 초나라 회왕(의제)을 죽인 고사를 비유한 것인데, 무오사화가 일어난 빌미가 되었습니다.

겠습니다. 모두 귀를 기울여 주셨으면 합니다. 김종직은 세조 5년인 1459년 과거에 급제한 뒤 벼슬자리에 올라 세조의 치세를 모두 지켜본 인물이자, 성종의 특별한 총애를 받았습니다. 자신의 문인들이 두루 관직에 등용된 사림파의 스승입니다. 연산군이 왕이 된 지 4년 뒤 죽었으나, 김일손 등 사림파 인사들은 김종직에 대한 찬양이 심했지요. 그래서 김일손은 실록의 초고인 사초에 김종직이 생전에 지은「조의제문」을 넣은 것이고요. 그런데 바로 그 글의 내용이 불순했던 것이지요.

판사　서론이 너무 길군요. 본론으로 얼른 들어가 주시지요.

김딴지 변호사　어이쿠, 이제 본론으로 들어가려던 참입니다. 김종직은 항우에게 죽임을 당한 초나라 회왕, 즉 의제를 추모하는 글을 지었는데, 그것이 바로「조의제문」입니다.

　김딴지 변호사의 설명이 길어질 것으로 보이자 배심원과 방청객들은 다소 지루한 표정을 지었다. 이대로 변호사는 자리에 앉아 회심의 미소를 지었다.

김딴지 변호사　「조의제문」은 김종직이 직접 꿈을 꾼 것처럼 시작됩니다. 그런데 꿈속에 신선이 나타나서 하는 말이 기가 막힙니다. 신선은 자기를 초나라 의제로 소개하고, 항우에게 살해되어 강에 버려졌다는 얘기를 했다는 겁니다. 그런데 김종직은 역사 기록을 보면 그 같은 내용을 찾을 수 없지만, 꿈속 신선의 이야기가 맞을지도 모른다는 글을 썼습니다. 그런데 왜 이런 글을 쓴 걸까요? 여기엔 겁 없는 주장이 숨겨져 있습니다.

김딴지 변호사가 차근차근 새로운 주장을 펴다가 잠시 말을 멈추자 법정은 무섭도록 조용해졌다. 김딴지 변호사의 다음 말이 무엇인지 궁금해하는 가운데, 방청객들 중 누군가가 '꿀꺽' 침 삼키는 소리가 들렸다.

김딴지 변호사　　우리는 여기에서 김종직이 세조 때 벼슬에 올랐다는 사실을 다시 한 번 기억할 필요가 있습니다. 김종직은 사실 단종과 세조의 이야기를 하고 싶었던 겁니다. 초나라 의제와 항우의 이야기에 빗대긴 했지만, 정작 하고 싶었던 이야기는 나이 어린 조카 단종을 죽이고 왕위를 빼앗은 세조에게 일침을 가하고 싶었던 겁니다.

판사　　정말 놀라운 이야기이군요.

김딴지 변호사　　맞습니다. ▶비록 세조가 손에 피를 묻히고 왕이 되었지만, 나약한 단종보다는 왕위에 더 제격이었다는 게 역사를 통해 증명되고 있질 않습니까? 그런데도 왕을 섬겨야 할 신하가 도리어 왕을 향해 매서운 비판을 하다니요? 그건 분명 반역 행위입니다. 따라서 유자광은 이 같은 반역의 조짐을 감지하고 이를 뿌리 뽑겠다는 충정으로 김일손의 사초 내용에 문제가 있다는 것을 연산군에게 직언한 것입니다. 이 같은 직언이 과연 잘못일까요? 왕을 섬겨야

하는 신하가 왕을 거역하고 반역한다면 왕조가 제대로 보존될 수 있을까요? 오늘날의 눈으로만 지난 역사를 평가하는 것은 명백한 잘못입니다. 당시 사람들의 눈으로 역사를 살펴보는 이해심이 있어야 할 것입니다. 따라서 유자광은 자신에게 내려진 간신배란 평가가 억울하다는 것과 사림파의 반역 행위를 알리기 위해 뒤늦게 김일손 등 사림파를 고소한 것입니다. 이상입니다.

판사   잘 들었습니다. 그러니까 원고 유자광은 사욕에 사로잡혀 김일손 등 사림파를 제거한 것이 아니라, 왕조를 지키기 위한 충성심으로 무오사화를 일으켰다는 주장이지요?

김딴지 변호사   그렇습니다. 원고는 미치광이 왕과 손을 잡고 죄 없는 사람을 죽였다는 비난을 받고 있습니다. 그러나 이는 명백히 편파적인 판단입니다. 이 재판을 통해 편견과 아집에 사로잡혀 역사를 보는 것이 얼마나 잘못된 일인가를 증명해 보이고자 합니다.

김딴지 변호사의 말은 막힘이 없었다. 코웃음을 치며 김딴지 변호사의 말을 듣던 이대로 변호사는 발언권이 주어지길 기다리고 있었다. 방청객들의 수군거리는 소리가 들렸다.

"유자광이 단순한 간신배가 아니란 말이야?"

"전왕을 비판한 김종직도 문제가 있는 것 아닌가?"

"에끼, 쓸데없는 소리. 아무리 왕이라도 잘못한 건 잘못했다고 말하는 게 신하의 도리 아닌가?"

"그건 오늘날에나 통하는 소리지, 그 당시 상황에서 바라봐야 한다는 원고 측 변호인 말도 일리가 있어.”

김딴지 변호사는 자신이 일으킨 작은 소란에 만족한 웃음을 띠었다. 원고 유자광이 자리에 앉는 김딴지 변호사의 어깨를 두드려 주었다.

판사   원고 측 변호인의 소송 이유를 들었습니다. 그러면 피고 측 변호인에게 발언권을 드리지요.

이대로 변호사는 판사의 말이 떨어지기가 무섭게 앞으로 달려나왔다. 하고 싶은 말을 많이 참은 듯한 표정이었다.

이대로 변호사   고맙습니다, 판사님. 귀를 의심할 정도로 민망한 내용이 이어지다 보니 여태까지 제가 자리에 앉아 있었던 게 다 신통합니다. 원고 측 변호인은 제가 인내심이 많다는 걸 고마워해야 합니다.

이대로 변호사의 말에 방청석에서 웃음이 터졌다. 김딴지 변호사는 이대로 변호사의 말이 별로 놀랍지도 않은 듯 쓴웃음을 짓는 여유를 보였다.

이대로 변호사   방귀 뀐 놈이 성낸다더니 **적반하장**(賊反荷杖)도 유분수란 생각이 듭니다. 언뜻 들으면 그럴듯하지만, 속내를 알고 보면 지나가는 개도 웃을 일이지요. 여기 앉아 있는 피고 김일손을 비롯해 사림파를 제거하려고 모함을 일삼고 피바람을 일으킨 장본인이 바로 저기 앉아 있는 원고 유자광입니다. 저렇게 뻔뻔하니 연산군을 부추겨 무오사화를 일으키고도 도리어 피고를 고소한 것이겠지요. 그 뻔뻔함과 대담함에는 혀를 내두를 정도입니다.

김딴지 변호사　판사님, 이의 있습니다. 피고 측 변호인은 원고의 인격을 모독하고 있습니다.

이대로 변호사　아닙니다. 무오사화를 일으킨 핵심 인물인 원고가 어떤 사람인지를 정확히 알아야 이후 재판이 순조롭게 진행될 수 있습니다.

판사　원고 측 이의를 받아들입니다. 피고 측 변호인은 감정적인 발언을 자제해 주세요.

이대로 변호사　알겠습니다. 원고 측 변호인이 제기한 주장은 모두 허위 사실 유포에 역사적 날조입니다. 이를 정확히 알기 위해서는 당시의 시대적 상황을 두루 깊이 있게 살펴볼 필요가 있습니다.

판사　당시 시대 상황을 설명해 주세요.

이대로 변호사　당시 훈구파의 거두였던 원고는 김일손과 사림파를 눈엣가시로 여겼습니다. 대대로 벼슬자리를 꿰찼던 훈구파로선 새롭게 등장하는 신진 세력인 사림파가 달가울 리 없었지요. 부정부패를 일삼는 훈구파의 대항 세력으로 등장한 사림파는 왕에게 직언을 아끼지 않아 백성들의 지지를 받고 있었습니다. ▶특히 연산군의 아버지인 성종은 김종직을 특별히 총애해서 사림파를 대거 관

교과서에는

▶ 성종은 합리적이고 온건한 유교 정치를 회복하기 위해 영남 출신으로 신망이 높은 김종직과 그의 제자들을 대거 등용하여 언론 기관에 배치하고 정책을 비판하도록 했습니다.

직에 진출시켰습니다. 훈구파로선 점점 세력이 확장돼 가는 사림파를 그대로 둔다면 자신들의 기반은 당연히 약해질 수밖에 없었지요. 이에 위협을 느낀 원고와 훈구파는 사림파에게서 빌미를 잡기 위해 눈에 불을 켜고 있었습니다. 그런 원고의 눈에 들어온 게 바로 피고가 사초에 김종직의 「조의제문」을 실은 일입니다. 그러잖아도 원고는 김종직에게 해묵은 원한이 있었습니다. 자신의 원한을 풀고 사림파를 제거하기 위한 명분으로는 정말 그만한 것이 없었지요. 따라서 원고가 왕조에 대한 충성심으로 무오사화를 일으켰다는 주장은 말도 안됩니다. 화려한 언변으로 역사적 진실을 가리려는 기만적 행위에 불과합니다. 이상입니다.

판사　잘 들었습니다. 언변이 화려하기로는 피고 측 변호인도 만만치 않아요. 입심으로는 우열을 가리기가 힘듭니다.

　판사의 말에 방청석에서 웃음이 쏟아졌다.
　"그럼 양측 변호사 모두 역사공화국 법정에서는 내로라하는 언변을 자랑하는 사람들인데!"
　"변호사 못지않게 판사님 언변도 화려하시구면."
　"역시 이번 재판도 흥미진진해. 어디로 갈지 통 알 수가 없네. 역시 한국사법정은 기대를 저버리는 법이 없다니까."

판사　양측의 주장 잘 들었습니다. 그럼 본격적으로 재판에 들어가도록 하겠습니다. 어느 측에서 먼저 변론하시겠습니까?

이대로 변호사　판사님, 본격적인 재판에 들어가기에 앞서 과연 무오사화의 발단이 된 사초가 무엇인지를 알아야 한다고 생각합니다. 역사학자 한 분을 증인으로 신청해도 되겠습니까?

판사　좋습니다. 역사학자를 모시고 그에 대한 설명을 듣는다면 배심원 여러분에게 많은 도움이 될 것 같군요. 증인은 나와서 선서해 주세요.

나역사　선서! 나, 나역사는 진실만을 말할 것을 맹세합니다.

이대로 변호사　여기까지 나와 주셔서 감사합니다. 조선 왕조사를 연구하는 역사학자로서 무오사화의 발단이 된 사초란 게 과연 무엇인지, 왜 그렇게 논란이 된 것인지를 말씀해 주세요.

나역사　여러분 모두 『조선왕조실록』을 잘 아실 겁니다. 사관은 정치가 벌어지는 자리에 참석하여 모든 사실을 기록으로 남겼는데, 그게 바로 사초입니다. 이 사초를 바탕으로 다시 정리한 것이 바로 실록이지요.

이대로 변호사　그렇군요. 그런데 사초든 실록이든 왕도 볼 수 없다고 하던데, 맞습니까?

나역사　맞습니다. 역사를 객관적으로 기록해야 하기 때문에 실록은 왕도 볼 수 없게 되어 있지요. 만약 왕이 이를 보게 된다면, 자신이 보기에 못마땅한 부분은 못 쓰게 압력을 가할 것 아닙니까? 이 점을 우려해서 사초의 내용은 비밀로 다루고 왕도 보지 못하게 만든 거지요.

이대로 변호사　그럼에도 불구하고 이극돈과 원고 유자광은 사초를 미리 보고 그 내용에 하자가 있다며 연산군에게 이른 것이지요?

나역사   그렇습니다. 당시 이극돈은 실록을 만드는 실록청의 우두머리 중 하나였습니다. ▶사관이었던 김일손이 기록한 자신의 비리와 김종직의 「조의제문」 등을 본 뒤 유자광에게 낱낱이 일러바쳤지요. 유자광은 이를 바로 연산군에게 말해 무오사화라는 피비린내 나는 사건이 벌어진 겁니다. 엄연히 권력 남용이지요.

이대로 변호사   바로 여기서 우리는 이극돈과 원고 등이 자신의 권력을 마구잡이로 휘둘렀다는 점을 명백히 알아야 합니다. 왕도 볼 수 없는 실록 내용을 미리 엿보다니요? 과연 이게 있을 수 있는 일입니까? 원고 측은 자신의 잘못을 깊이 깨닫고 반성해야 합니다.

이대로 변호사의 말에 방청석에서 박수가 쏟아져 나왔다.

"옳소!"

"이대로 변호사에게 훈장을 줘야 해."

"거참, 가려운 곳을 시원하게 긁어 주는군."

이대로 변호사는 으쓱해서 방청객들에게 과장된 몸짓으로 익살스럽게 인사를 했다. 그러자 원고 측 김딴지 변호사가 입술을 실룩거리며 혼자 중얼거렸다.

"갈수록 쇼맨십만 늘어 가는군……."

판사   피고 측 변호인의 언변이 날로 늘어 가는군요. 잘 들었습니다. 이번 재판이 무오사화를 둘러싼 것이니만큼

교과서에는

▶ 사림을 옹호하던 성종이 죽고 연산군이 즉위하자 훈구 세력은 무오사화를 일으켜 사림을 공격했습니다. 이로써 사림이 큰 피해를 입게 되었습니다.

사초와 실록이 무엇인지부터 아는 게 순서인 것 같습니다. 좀 전에 증인을 통해 사초라는 게 무엇인지 어느 정도 짐작할 수 있게 되었습니다. 그러나 좀 더 깊은 논의가 이루어져야 할 것으로 보입니다. 과연 사관의 역할이 무엇인지, 사초와 실록이 어느 정도의 가치가 있는 것인지 등을 자세히 알아야 배심원들이 정확한 평결을 내릴 수 있을 것입니다. 이에 대해 원고와 피고, 양측 변호인의 의견을 듣도록 하겠습니다. 어느 쪽이 먼저 시작할까요?

이대로 변호사　판사님, 저희 쪽부터 하겠습니다. 우선 증인을 불러 실록이 무엇인지, 얼마나 중요한 것인지 묻겠습니다. 아까는 역사학자를 증인으로 내세웠지만, 이번에는 사관 권달수를 증인으로 신청해 생생한 증언을 들어 보겠습니다.

판사　받아들입니다. 증인은 나와서 선서해 주세요.

권달수　선서! 나, 권달수는 신성한 법정에서 오직 진실만을 말할 것을 맹세합니다.

　　이대로 변호사는 증인 곁으로 다가가 고개를 깊이 숙였다. 증인은 꼿꼿한 자세로 자리에 앉아 답례를 했다.

이대로 변호사　이렇게 나와 주셔서 감사합니다. 우선 간단한 자기소개를 부탁드립니다.

권달수　나는 성종 임금 때 사관을 역임했던 권달수라 하오.『성종실록』편찬에 참여했고, 사관의 본분을 충실히 하고자 왕명을 내릴 때 승지와 함께 사관이 반드시 참석하도록 건의하기도 했소.

이대로 변호사　　그러면 기초적인 질문부터 드리겠습니다. 사관은 어떤 일을 하는 사람입니까?

권달수　　임금님 곁에서 정치하는 일을 낱낱이 기록하는 사람이오. 사관이 기록한 기록물을 사초라고 하는데, 이때 쓴 사초를 바탕으로 실록을 만드는 것이오.

사관은 임금의 일거수일투족을 기록했소.

이대로 변호사의 말에 증인이 쓴웃음을 지었다. 이대로 변호사도 겸연쩍은지 머리를 긁적였다.

권달수　　　이거야 원……. 서기는 그냥 들은 대로 받아 적는 사람에 불과한 것으로 알고 있소. 사관은 엄연히 다르오. 사관의 임무가 보고 들은 일을 낱낱이 적는 것임은 맞소. 그러나 거기에 비평을 써 넣거나 판단을 내리기도 한다오. 그런 점에서 서기와는 명백히 다르다는 점을 명심하시오.

이대로 변호사　　　아이고, 노여움을 푸십시오. 서기와 비교해야 알아듣기 쉬운지라……. 그럼 이렇게 기록한 이유는 무엇인가요?

권달수　　　모름지기 우리가 역사를 공부하는 이유가 무엇이겠소? 지난날의 역사를 통해 좋은 점은 배우고 나쁜 점은 고치는 것 아니겠소?

이대로 변호사　　　**우문현답**이십니다. 그러면 실록은 어떻게 만들어졌나요? 실록을 만드는 관청이 따로 있었나요?

권달수　　　변호사라 하시었소? 공부 좀 하고 나오셔야 하겠소. 쯧, 그렇게 몰라서야…….

카랑카랑한 증인의 말에 이대로 변호사의 얼굴이 귀밑까지 붉어졌다. 이대로 변호사는 헛기침을 하며 변명을 늘어놓았다.

이대로 변호사　이거 뭐, 저도 저이지만 여기에는 배심원 분들과 방청객들이 있는 고로…… 너무 야단만 치지 마시고 증인은 묻는 말에 답변해 주세요.

권달수　실록은 임금이 죽은 뒤에 실록청이라는 임시 기관에서 만들었소. 거기에서 사관이 그동안 써 놓은 사초를 중심으로 역사서를 만드는 것이라오. 실록을 만든 이유 중에는 아까 말했듯이 나중 사람들이 본받았으면 하는 바람이 컸소. 다른 한편으로 생각해 보면, 우리 정치가들이 열린 정치를 지향했다는 거요.

이대로 변호사　이야, 드디어 익숙한 낱말이 나오네요. 열린 정치란 말은 지금도 정치가들이 많이 쓰죠. 그런데 열린 정치를 편다는 건 어떤 뜻인가요?

권달수　임금이 신하와 단둘이 만나는 것은 잘못된 일이었소. 꼭 사관과 함께 만나야 한다는 거요. 그건 비밀 정치를 하지 않겠다는 뜻이오. 지금처럼 국회에서 공개적으로 정치를 한 것은 아니나 밀실 정치를 하지는 않겠다는 의지를 반영한 거라오. 사초나 실록을 임금이 볼 수 없도록 한 것도 같은 맥락이라오.

이대로 변호사　네, 여기서도 그 얘기가 나오는군요. 실록은 왕도 볼 수 없는 것이었죠. 그 이유가 뭐였나요?

권달수　당연한 것 아니오! 임금이 한 정치에 대해 기록하고, 그 정치에 대해 평가를 내리는 책이 바로 실록이오. 만약 임금이나 다른 사람들이 보게 된다면 어떻겠소? 사람 마음이 다 비슷해서 자신에 대한 나쁜 평가나 기록이 있으면 없애고 싶지 않겠소? 하지만 그렇

어불성설
말이 조금도 사리에 맞지 않는 것
을 뜻합니다.

게 간섭한다면 올바른 역사서가 나올 수 있겠소? 그러니 객관성을 유지하기 위해서라도 그 같은 간섭은 배제해야지요.

이대로 변호사   그렇다면 권력자가 사관이 기록한 사초를 보고 그 내용을 트집 잡아 넣으라느니 빼라느니 한다면 잘못된 것이겠군요?

권달수   그렇소. 사초나 실록의 내용은 철저히 비밀에 부치는 게 원칙이오. 때로 몇몇 돼먹지 않은 인간들이 감 놔라 배 놔라 하는데 이는 **어불성설**이오. 물론 조선 왕조를 통틀어 그 같은 일이 몇 번 일어난 것은 나도 알고 있소. 그러나 사관은 목에 칼이 들어와도 자기가 쓴 것을 보여 주지 않는 것이 기본 임무요.

이대로 변호사   그러면 연산군 때 권력의 자리에 있었던 원고나 이극돈이 사관인 피고가 작성한 사초의 내용이 맘에 들지 않는다며 빼라고 한 것은 명백한 잘못이겠네요?

권달수   그렇소. 사관이 작성한 사초를 가지고 시비를 걸다니, 어떻게 그런 망나니 같은 짓을 할 수 있단 말이오?

이대로 변호사는 크게 고개를 끄덕이며 증인의 말에 공감을 표시했다. 원고 측이 증인의 말에 긴장하는 모습이 역력했다.

김딴지 변호사   판사님, 이의 있습니다. 피고 측 변호인은 지금 유도 신문을 하고 있습니다. 자기 측에 유리한 증언을 확보하려는 유치한 시도입니다!

이대로 변호사   아닙니다, 판사님. 당시 사관의 의무나 실록의 기밀 유지는 이 재판의 핵심 내용입니다. 따라서 사관을 역임했던 증인의 말을 귀담아들을 필요가 있습니다.

판사   피고 측 변호인의 말을 인정합니다. 원고 측 변호인은 나중에 변론의 기회를 줄 테니 자중하세요.

김딴지 변호사는 판사의 말이 마음에 들지 않는지 입을 삐죽거렸지만 어쩔 수 없이 도로 앉았다. 원고 유자광이 김딴지 변호사의 귀에 뭔가를 속삭였다.

이대로 변호사   증인, 계속 질문하겠습니다. 실록에는 어떤 내용이 실렸나요?

권달수   실록에는 국왕이 행한 정치의 모든 것이 들어 있소. 누구와 어떤 이야기를 나누었는지, 무슨 일을 했는지 소상히 알 수 있지요. 거기에 사관의 역사적인 평가까지 들어 있으니 조선의 정치와 경제, 역사를 알 수 있는 귀중한 책이오.

이대로 변호사   네, 그렇군요. 그럼 달리 표현하면 기독교인의 바이블(bible), 즉 성경이라고 할 수 있겠군요.

권달수   허, 성경과 비교하기는 좀 그렇지만, 그렇게도 볼 수 있겠지요. 조선 역사를 꿰뚫고 있고, 양반 관료들의 글쓰기 문화를 가장 잘 보여 주는 것이 바로 실록이오. 그뿐만이 아니라오. 조선 시대에

낙타가 있었는지, 안경이 언제 들어왔는지 실록을 통해 다 알 수 있소이다.

이대로 변호사　바로 그렇습니다! 실록을 통해 우리는 조선 시대의 정치, 사회, 문화, 경제는 물론 생활상까지 모두 알 수 있습니다. 그러면 잠시 쉬어 가는 의미에서 가벼운 질문을 하나 드리겠습니다. 혹시 당시 우리나라에 코끼리도 있었나요?

이대로 변호사의 질문에 방청석에서 웃음이 터졌다.

"뜬금없이 코끼리라니? 그 시대에 무슨 코끼리가 있었단 말이야?"

"이 변호사는 직업을 바꿔도 성공하겠어. 아예 코미디언으로 나서지?"

킥킥대는 방청객들과 달리 이대로 변호사와 증인의 표정은 진지했다. 김딴지 변호사는 어이가 없는지 쓴웃음을 지었다.

권달수　웃음을 삼가시오! 우리 후손들이 이처럼 공부를 안 하다니, 참 통탄할 일이오. 실록은 역사학자들만 보는 것이 아니란 말이오. 후손들이 조상이 어떻게 살았는지를 모른다면 어떻게 우리나라의 전통을 굳건히 이어 갈 수 있단 말이오? 서양 문물만 좋은 것이라고 생각하는 그릇된 사고방식은 고쳐야 마땅하오.

권달수는 법정이 쩌렁쩌렁 울리도록 호통을 쳤다. 여기저기서 웃음을 터뜨렸던 방청객들이 찔끔해서 웃음을 멈췄다. 선비의 기개와

꿋꿋함이 엿보이는 사관 권달수의 자태에 새삼 감탄하는
모습이었다.

이대로 변호사　　이처럼 많이 꾸짖는 증인은 처음입니다.
네, 증인의 말씀이 백번 옳습니다. 옛것을 익혀서 새것으로 만들어
야죠. 우리나라의 전통을 지키는 것도 중요한 일입니다. 그럼 코끼
리가 있었는지 대답해 주세요.

권달수　　태종 임금 때 일본 왕이 조선에 코끼리를 바친 적이 있었
소. 지금은 일본이 강대국으로 성장했소만, 그때만 해도 조그만 섬
나라의 오랑캐에 불과했소. 강대국 조선에 조공으로 진귀한 코끼리
를 바친 거요.

이대로 변호사　　당시 코끼리가 조선에 왔다면 아주 보기 드문 동물
이었을 것 같은데, 재미있는 에피소드는 없었나요?

권달수　　요즘 말로 해프닝이라고 해야 하나? 그런 게 있었지요. 일
본 국왕이 바친 코끼리는 참 기이한 동물이었소. 날마다 콩을 네다
섯 말이나 먹는 대식가인 데다가 신기하게 생긴 동물이었소. 생각해
보시오. 덩치는 작은 산만 한데 귀는 연잎처럼 펄렁거리지, 코는 팔
처럼 길게 뻗어 있잖소? 괴이하게 생긴 동물이 왔다는 소식에 구경
꾼들이 몰려들었소. 그중 이우라는 사람이 코끼리를 놀리며 침을 뱉
다가 밟혀 죽는 참사가 벌어지기도 했소.

이대로 변호사　　거참, 비극이로군요. 그 뒤 어떻게 됐습니까?

권달수　　아마 세계 최초로 귀양 간 코끼리일 거요.

증인 권달수의 말에 다시 한 번 방청석에서 웃음이 터졌다.

"코끼리가 귀양을 가다니!"

"죄를 지었으면 벌을 받아야지. 살인죄 아닌가?"

"누군지 몰라도 명판사였구먼. 책임질 일은 꼭 책임지게 해야지."

"죄 짓고도 벌 받을 줄 모르는 요새 정치인들보다 낫네."

권달수는 자신이 한 말에 방청석에서 웃음이 터지자 못마땅한 기색이었다. 그의 진지한 얼굴 표정을 보고 방청객들은 수군거렸다.

"그나저나 저 양반은 너무 진지하구먼."

"앞뒤가 꽉 막힌 양반일세그려. 그래도 개그 본능을 타고났어."

방청객들의 수군거리는 소리에 권달수는 헛기침을 두어 번 했다.

이대로 변호사　감사합니다, 증인. 오늘 방청객들에게 웃음을 주시는군요. 비록 진지한 재판이지만, 이처럼 쉬어 가는 시간도 있어야 지루한 줄 모른답니다. 심기를 불편하게 해 드렸다면 죄송합니다. 양해를 부탁드립니다.

친애하는 판사님, 그리고 배심원 여러분, 이처럼 『조선왕조실록』에는 왕의 정치 행위뿐만 아니라 조선의 역사, 사회, 문화, 경제적 측면을 살필 수 있는 내용이 모두 들어 있었습니다. 그만큼 거짓을 고하거나 잘못 기록하면 안 되는 것이었지요. 그러나 역사에는 언제나 예외가 있는 법. 증인, 드물지만 사초가 밖으로 새어 나가는 경우도 있었지요? 그땐 어떤 벌을 받았나요?

권달수　그런 일이 벌어져서는 안 되지만, 앞서 무오사화의 경우처럼 간간이 일어나기도 했지요. 무오사화 때도 얼마나 큰 피바람을 몰고 왔소? 간혹 실수를 저지르는 일도 있었는데 그 경우에도 큰 벌을 받았소.

이대로 변호사　어떤 벌을 받았나요?

권달수　세종 임금 때 일이오. 세종 임금의 친형인 양녕 대군의 장인 김한로가 쓴 사초가 불에 타 실록청에 제출하지 못했소. 그 사실을 알게 된 양녕 대군은 직접 세종 임금에게 편지를 올려 벌을 주지 말라고 부탁했소. 원칙과 핏줄의 부탁 사이에서 어찌 갈등이 없었겠소. 고민이 된 세종 임금은 주변 관리들에게 물었소. 그런데 이들의 대답은 확고했소. 어마어마한 벌금을 물리고 관직을 내놓게 하라는 것이었지요. 사실 사초를 잃어버린 사람은 자손까지 관직에 오르지 못했소. 이것만 봐도 사초가 얼마나 중요한지 알 수 있는 것 아니오?

이대로 변호사　충분히 알겠습니다. 그럼 기밀 유지 못지않게 보관도 중요했을 것으로 보이는데요. 실록은 어떻게 보관했나요?

권달수　보관의 중요성은 아무리 강조해도 지나치지 않을 것이오. 만약 제대로 보관하지 않았다면, 오늘날 후손들이 실록의 생김새도 보지 못했을 거요. 실록을 보관하는 사고도 여러 곳에 지어 특별히 보관했소.『조선왕조실록』이 세계 기록 유산의 명예를 얻은 것도 다 조상들의 지혜 때문이라는 걸 명심하시오.

이대로 변호사　소중한 말씀 한마디 한마디 새겨들었습니다. 친애하는 판사님, 그리고 배심원 여러분, 증인의 증언을 통해 사초와 실록이야말로 선조들이 목숨을 바쳐 지켜 온 소중한 기록 유산이라는

적상산 사고   전주 사고

걸 잘 알 수 있었을 것입니다. 실록을 통해 우리는 조선 시대의 정치, 사회, 문화, 경제 등 여러 분야의 모습을 알게 되었습니다. 이는 열린 정치를 지향한 왕조, 비판을 아끼지 않는 사관이 있었기에 가능한 것이었습니다. 그런데 비밀 문서를 몰래 빼내 피바람을 일으킨 원고 측이 과연 무슨 할 말이 있다는 것일까요? 하물며 동물인 코끼리도 자신이 저지른 죄에 대한 죗값을 치르는 마당에, 자신의 죄를 뉘우치기는커녕 피해자를 벌하려 하다니요? 참 통탄할 일입니다. 이 점 꼭 기억해 주셨으면 합니다. 이상입니다.

판사   피고 측 변호인의 신문이 끝났습니다. 이제 원고 측 변호인, 증인 신문 하시지요.

김딴지 변호사가 유유히 증인석 쪽으로 걸어 나왔다.

김딴지 변호사   감사합니다, 판사님. 드디어 발언의 기회를 주시는군요. 피고 측 변호인이 어찌나 시간을 끄는지 입에 곰팡이가 피는 줄 알았습니다. 저는 모든 분들이 지루해하시는 관계로 핵심만 콕콕 집어서 간단하게 몇 가지 질문만 하겠습니다. 증인, 증인이 사초를 작성하는 도중에 정말 옳은 일인지 그른 일인지 판단이 안 서는 경우가 있었나요?

권달수 음…… 아마도 몇 건 그런 일이 있었던 것으로 기억하오.

김딴지 변호사 그럴 땐 어떻게 하셨습니까?

권달수 옛날 책들도 뒤져 보고, 학식 있는 사람에게 조언을 구하기도 했소.

김딴지 변호사 그럼 증인이 쓴 역사적 사실에 대한 평가가 모두 옳다고 생각하십니까?

권달수 어찌 모두 옳겠소? 다만 나로서는 최대한 공정하게, 열린 눈으로 여러 가지 관점에서 사초를 쓰고 평가를 내리려고 노력했소.

김딴지 변호사 하지만 돌이켜 봤을 때 잘못 썼다고 생각되는 부분이 있지 않나요?

권달수 글쎄올시다…….

김딴지 변호사 증인은 '네, 아니오'로만 답해 주세요. 틀린 부분이 있지요?

권달수 그렇소. 사람이 하는 일이고 보니 실수가 있게 마련이오.

김딴지 변호사 이 증언을 꼭 참고해 주시기 바랍니다. 사관은 신이 아니라 사람입니다. 실수를 할 수도 있고, 자신의 견해에 따라 판단을 잘못 내리기도 합니다. 사관의 기밀 유지, 참 중요한 부분입니다.

그러나 그릇된 판단을 고치는 일 역시 사람들의 몫이지요. 역사적 인물에 대한 평가는 늘 엇갈리게 마련입니다. 한 인물에 대해서 성인으로 칭송하기도 하고 악인으로 매도할 수도 있는 게 역사적 평가입니다. 따라서 사관이 객관성을 유지하려고 노력하는 것도 꼭 필요한 요소란 말이지요! 그런데 피고 김일손은 사관으로서 이 같은 객관성을 가지고 사초를 기록했을까요? 이 부분에 의문점이 남는 것입니다. 피고는 스승 김종직이 위대한 정치가요 학자라고 평가했겠지만, 과연 그것이 진실이었을까요? 자신의 무리는 다독거렸지만 상대 무리에는 가차 없이 비판을 가했던 무자비한 사람은 아니었을까요? 과연 김종직이 내린 역사적 평가는 모두 옳은 것이었을까요? 이 점 특히 유념해 주셨으면 합니다. 이상입니다.

김딴지 변호사의 짧지만 강한 주장에 법정 안이 잠시 술렁거렸다.

2

사관,
역사를 기록하다

판사   원고 측 변호인이 『조선왕조실록』을 기록하는 사관의 자질에 대해 논란을 일으킨 것 같군요. 그러면 사관이 어떤 사람인지에 대해 논의할 필요가 있겠습니다. 이에 대해 어느 쪽부터 변론하시겠습니까?

이대로 변호사   사관의 자질에 대해 의문을 제기하다니요? 지나가는 개도 비웃을 노릇입니다. 판사님, 이번에는 제가 증인 신문을 통해 사관이 한 일과 비밀 유지 의무 등 논란이 되고 있는 부분을 더 정확히 듣겠습니다.

판사   그렇게 하세요.

이대로 변호사   증인, 사관이 되려면 어떤 조건을 갖춰야 했는지 자세히 설명해 주세요.

권달수   거참, 내 자랑이 되는 것 같아 부끄럽소만 사관이 되려면 모름지기 여러 가지 능력을 갖추어야 했소. ▶당연히 문과에 급제한 인물이어야 했고, 역사를 꿰뚫어 보는 눈과 역사를 서술하는 능력, 옳고 그름을 가릴 줄 아는 판단력이 있어야 했소. 이건 한순간에 얻어지는 통찰력이 아니오.

이대로 변호사   그렇지요. 며칠 벼락치기 해서 얻을 수 있는 능력은 결코 아니지 않습니까?

권달수는 마지못해 고개를 끄덕이긴 했으나, 이대로 변호사의 말이 경박하게 들렸는지 얼굴을 찌푸렸다.

이대로 변호사   사관을 앞에 모셔 놓고 칭찬을 하자니 서로 쑥스럽기도 하지만 원활한 재판 진행을 위해서 증언을 계속해 주십시오.

권달수   실록을 편찬하는 일은 나라에서 중요하게 다루는 임무 중 하나였소. 따라서 사관은 아무나 될 수 없었지요. 송나라의 뛰어난 문인으로 알려진 증공은 "역사가는 그 명철함이 만사의 이치를 두루 알아야 하고, 도의는 반드시 천하의 용도에 맞아야 하며, 지혜는 알기 어려운 의미를 통달해야 하고, 문사는 드러나기 어려운 정서를 모두 드러내야 한다"고 말하기도 했소. 한마디로 박학다식하고

증공
중국 북송의 문인이자 정치가입니다. 뛰어난 고문(古文) 작가이며 문장을 잘하여 당송 팔대가의 한 사람으로 꼽힙니다.

도의
사람이 마땅히 지키고 행해야 할 도덕적 의리를 뜻합니다.

교과서에는

▶ 조선 시대에 관리는 주로 과거 시험에 의해 선발했습니다. 과거 시험은 문과, 무과, 잡과로 나누어지는데, 3년마다 시행하는 정기 시험과 수시로 시행하는 특별 시험이 있었습니다. 문과 시험에는 양반의 자제가 주로 응시했으며, 무과 시험에는 양반, 향리 및 상인의 자제가, 그리고 잡과에는 중인이 많이 응시했습니다.

시비득실

옳음과 그름, 이익과 손해를 이르는 말입니다.

지혜로워야 한다는 것이지요.

이대로 변호사   어이쿠, 너무 어려워요. 좀 쉽게 설명해 주시지요.

권달수   선과 악을 바르게 구분할 수 있는 능력과 **시비득실(是非得失)**을 평가할 수 있는 능력, 여기에 비판 의식을 두루 갖춘 인물이어야 하오. 그래야만 고의적으로 역사를 비뚤게 쓰지 않고, 후손들에게 교훈을 줄 수 있기 때문이지요.

이대로 변호사   그러니까 학식만 중요한 게 아니라 그 사람의 인품이나 정서, 비판 정신도 중요했다는 것이지요?

권달수   그렇소. 아무리 학식이 뛰어난 사람이라도 현실을 제대로 꿰뚫어 보는 능력이 없다면 말짱 헛것이겠지요. 또 재물에 눈이 어두워 뇌물을 바치는 사람에 대해 잘 써 준다면 안 되고 말이오. 그래서 사관을 뽑는 데에는 아주 까다로운 조건이 붙었던 것이라오.

이대로 변호사   그 밖에 또 어떤 조건이 있었나요?

권달수   기본적으로 본인은 물론 친가와 처가 모두 문제가 없어야 사관이 될 수 있었다오. 그래서 가문의 이력까지 낱낱이 훑은 후 조상 중에 불법으로 재산을 모았다거나 서자 출신이 있으면 임명되지 못했소. 또 미혼자는 뽑지 않았지요. 결혼한 뒤 처가 쪽에 문제가 있을 수도 있으니까 말이오.

이대로 변호사   무척 까다로웠군요.

권달수   그뿐만 아니오. 정언각이라는 사람은 요행히 사관으로 뽑혔지만, 사람이 간사하고 동료들과 사이가 좋지 않다는 이유로 잘리기도 했소. 붓은 아무나 잡는 것이 아니고 정직한 사람이 잡아야 한다는 것이 당시 사관에게 적용된 중요한 조건 중 하나였소.

이대로 변호사   그렇다면 사관들은 자신의 임무에 대해 자부심과 긍지가 대단했겠군요?

권달수   그렇소. 지금으로 치면 엘리트 관료였으니까 당연한 거 아니오?

이대로 변호사　　그럼 사관은 어떤 일을 했습니까?

권달수　　사관은 크게 세 가지 일을 했소. 입시와 사초의 작성, 시정기의 작성이오.

이대로 변호사　　사초는 아까 설명을 들어 다들 알고 있지만, 나머지 둘은 정확히 무엇인지요?

권달수　　입시란 정치가 벌어지는 모든 자리에 참석하여 관련 내용을 기록으로 남기는 것을 말하오.

이대로 변호사　　사관이 모든 일을 기록했다니…… 그럼 왕이 사관을 어려워했겠네요?

권달수　　아마도 그랬을 거요. 예전 기록에도 보면 창피한 일이 벌어졌을 때 "이건 사관이 알지 못하도록 하라"고 말한 임금이 있는데 임금이 그런 말을 했다는 것까지 기록됐으니, 아무래도 대하기 편한 신하는 아니었을 거요.

이대로 변호사　　하하, 그렇군요. 오늘날에도 국회 속기록에서 그 발언을 빼라느니 말라느니 정치인들이 말이 많던데, 예나 지금이나 다를 바가 없군요. 그런데 한 가지 궁금한 점이 있습니다. 오늘날 역사 드라마를 보면 종종 사관 없이 왕과 신하가 만나는 장면도 있는데요, 흔한 경우가 아닌가요?

권달수　　그렇소. 사관이 임금을 따라다닌 이유가 뭐겠소? 비밀 정치를 하지 않겠다는 거요. 그런데 그 같은 일이 이루어질 경우 비밀스럽게 일을 도모하게 되고, 상대 정치인에 대한 음해가 이뤄지기 쉽소. 그걸 방지하는 역할을 한 게 바로 사관이오.

이대로 변호사   아까도 나온 열린 정치가 이뤄지는 열쇠가 바로 사관인 셈이로군요. 그러면 사초에 실린 내용은 무엇이었습니까?

권달수   사관의 핵심 업무가 바로 사초의 작성이오. 정치가 이뤄지는 자리에 참석하여 보고 들은 바를 그대로 기록한 것이 바로 사초요. 임금은 물론, 그곳에 참석한 관료들과 향촌 유생의 말과 행동까지 모두 기록하고 평가하는 거요. 사초는 임금이 자기 맘에 들게 쓰라거나 고치라고도 할 수 없었소.

이대로 변호사   그렇군요. 그럼 시정기란 무엇인가요?

권달수   사초가 임금의 정치 일기라면, 시정기는 관청의 정치 일기로 볼 수 있소. 관청에서 시행한 일을 보고한 문서를 바탕으로 작성된 공적 자료이기 때문이오. 사초와 달리 사관의 개인적인 판단이나 평가가 없는 자료이지요. 그러나 당시 사회를 들여다볼 수 있는 중요한 열쇠 중 하나요.

이대로 변호사   그렇군요. 조선의 정치가들이 자신들의 정치에 대한 기록을 모두 남겼다는 게 참 의미심장하군요. 그런데 한 가지 궁금한 점이 있습니다. 그럼 사초는 누가 보관하고 있었나요? 요즘처럼 보안 업체가 있었던 것도 아니고…… 보관도 만만치 않은 일이었을 것 같은데요.

권달수   임금부터 일개 유생에 이르기까지 사초에 실린 내용이 무엇인지 무척 궁금했을 거요. 더욱이 뒤가 켕기는 무리는 더했겠지……. 그러나 사관은 이 사초가 외부로 새어 나가지 않게 기밀 유지를 해야 했소. 자기 목숨만큼이나 중요한 사초였으니까 사관은 사

초를 지니고 다녀야 했소.

이대로 변호사　외람된 질문이지만, 혹시 사관들 중에 개인적인 이득을 위해 몰래 사초를 빼돌린 사람은 없었나요?

권달수　허허, 그런 망언을……. 그런 일은 없었소. 사관을 왜 까다롭게 뽑는지 이제 알 때도 됐을 터인데…….

증인의 나무람에 이대로 변호사는 머리를 긁적였다.

　왜 『조선왕조실록』은 왕이 볼 수 없었을까?

이대로 변호사　　절차상 묻는 것이니 너무 나무라지 마십시오. 저희도 밥 벌어먹기 힘듭니다.

　이대로 변호사의 넉살 좋은 변명에 방청석에서 또 한 번 웃음이 터졌다.

이대로 변호사　　여기 계신 분들은 모두 놀라셨을 줄로 믿습니다. 조선 왕조 500년 역사 동안 얼마나 많은 사관들이 있었겠습니까? 그런데 개인적인 이득을 챙기려고 사초를 누출한 사관이 하나도 없었다는 사실, 이는 바로 열린 정치를 지향하면서 제 몫을 올곧게 해낸 위대한 사관들이 있었다는 증거입니다. 제 목숨만큼이나 귀중하게 여겼던 사초, 이것을 통해 지금 우리가 보고 있는 『조선왕조실록』이 탄생한 것입니다. 이상입니다.

판사　　잘 들었습니다. 그와 같은 노력이 있었기에 『조선왕조실록』이 오늘날 세계 기록 유산으로 정해진 것일 테지요. 원고 측 변호인, 반대 신문 하시겠습니까?

김딴지 변호사　　네, 판사님.

　김딴지 변호사가 급히 나오다가 발이 걸려 넘어질 뻔했다. 방청석에서 킥킥거리는 웃음소리가 들렸다.
　"이 변호사에게 밀리는 거 같으니까 마음이 급했던 모양이야!"
　"흐름이 이미 피고 측으로 넘어간 것 같은데."

"이 위기를 어떻게 넘길지 한번 지켜보자고!"

갑자사화

1504년(연산군 10)에 폐비 윤씨와 관련하여 많은 선비들이 죽임을 당한 사건입니다. 연산군의 생모 윤씨가 폐위되어 사약을 받고 죽은 일에 관계한 신하들과 윤씨의 복위를 반대한 사람들이 연산군의 노여움을 사게 되어 화를 입었습니다.

김딴지 변호사　　증인, 증인은 『성종실록』을 편찬하는 데 참여했지요?

권달수　　그렇소.

김딴지 변호사　　증인이 보기에 성종은 어떤 왕이었습니까?

권달수　　어찌 한마디로 표현할 수 있겠소? 다만 성종 임금은 심성이 올바르시고 합리적인 정치를 펴려고 한 성군이셨소.

김딴지 변호사　　그러면 연산군에 대해서는 어떻게 생각합니까?

권달수　　예나 지금이나 평가는 매한가지 아니겠소? 폭군이지요. 임금의 자리에 올라서는 안 되는 인물이었다고 생각합니다.

김딴지 변호사　　그건 증인의 개인적인 원한이 서려 있기 때문이 아닙니까? 증인은 연산군의 생모인 폐비 윤씨를 복위하는 것에 반대하다가 **갑자사화**로 목숨을 잃지 않았습니까? 그러니 연산군에게 감정이 좋지 않았겠지요. 그런데 그런 증인의 역사적 평가가 객관적이라고 말할 수 있습니까?

김딴지 변호사의 신문에 권달수의 얼굴이 붉으락푸르락해졌다.

권달수　　나는 역사적 사실을 기록하는 사관으로서 비교적 객관적으로 평가를 내렸다고 생각하오. 물론 난 연산군에 의해 죽음을 당했소. 그러나 나처럼 연산군에게 목숨을 잃지 않았던 사관들의 평가는 더 냉정했던 것으로 아오. 『연산군일기』를 한번 보시오!

"소시에 학문을 좋아하지 않아서 동궁의 벼슬아치가 공부하기를 권했지만 이를 매우 못마땅하게 여겼다. 즉위한 뒤에는 궁 안에서의 행실이 흔히 좋지 못했다. 만년에는 주색에 빠지고 도리에 어긋나며 포악한 정치를 극도로 하여 (……) 대신, 대간, 시종의 죄를 물어 거의 다 죽였다." 이것이 연산군에 대한 종합적 평가요. 그런데도 내 주관적인 판단이란 말이오?

권달수의 목소리는 크고 준엄했다. 그러나 김딴지 변호사는 조금도 놀라는 기색 없이 다음 질문을 이어 나갔다.

김딴지 변호사 과연 호통에는 남다른 재주가 있으시군요. 그러나 역사적 평가는 지금도 여러 면에서 엇갈리고 있습니다. 과연 성종이 실록의 기록대로 성군이었는지, 아니면 그냥 신하들의 입맛에 맞는 왕이었는지 아직도 논란의 대상이 되고 있고요. 연산군 역시 나중에 폭정을 한 것은 사실이나 그래도 신하들을 누르고 왕권을 강화한 인물로 평가하는 사람들도 있지요. 증인은 연산군에 의해 억울한 죽음을 당했다고 생각하는 사람입니다. 과연 객관적인 역사적 평가를 내릴 수 있었던 인물인지에 대해서는 의문이 듭니다. 이상입니다.

분노한 권달수를 놔두고 김딴지 변호사는 할 말을 다 마친 뒤 제자리로 돌아갔다.

판사   오늘 재판은 『조선왕조실록』은 무엇이고 사관은 무얼 하는
사람인지 살펴봤습니다. 다음 재판에서는 무오사화가 왜 일어났는
지에 대해 본격적인 변론이 펼쳐질 것입니다. 그럼 두 번째 재판에
서 다시 보도록 하지요.

    땅, 땅, 땅!

사초의 비밀을 유지하기 위한 작업

인쇄까지 끝낸 실록은 사고(史庫)에 보관했습니다. 그런 뒤에 실록 편찬에
사용되었던 모든 자료는 비밀 유지를 위한 조치를 취했습니다. 중국의 경우
는 태워 버렸지만, 조선에서는 태우지 않고 재생 종이로 활용하기 위해 물에
빨았습니다. 이를 '세초'라고 합니다. 특히 세초를 해야 하는 자료는 사관이
자신의 집에 보관해 두며 전후 사정을 추가로 기록하던 '가장사초'였습니다.
시정기에는 국정에 관한 내용이 문서 그대로 전재되거나 요약되어 실렸으므
로 그다지 문제 될 것이 없었습니다. 그러나 가장사초에는 국가 기밀 사항이
나 인물 비평 등이 실려 있기 때문에 공개되면 사관의 신변이 위험할 수도 있
었습니다.

세초는 자하문 밖 세검정 부근의 차
일암에서 거행되었는데, 이는 사초에
기록된 비밀을 유지하기 위한 방안이
었습니다. 또한 조선 시대 종이 공장
인 조지서(造紙署)가 자하문 밖에 있었
기 때문이기도 하지요. 세초된 종이는
조지서를 통해 재활용되었습니다. 세
초가 끝나면 왕은 실록 편찬에 관여한
신하들에게 세초연을 베풀었습니다.

세검정

다알지 기자

　　여러분, 안녕하세요. 법정 뉴스 다알지 기자
입니다. 저는 지금 원고 유자광 대 피고 김일손의
재판이 열리고 있는 한국사법정 앞에 나와 있습니다.
첫 번째 재판에서 원고 유자광은 비록 자신이 연산군에게 김일손의 사
초 내용을 폭로해 무오사화가 일어나긴 했지만 그것은 개인적인 원한
때문이 아니라 나라를 위한 충성심에서 벌어진 일이었다고 주장했습
니다. 한편 역사학자인 나역사와 사관 권달수가 피고 측 증인으로 나와
사관의 기밀 유지 엄수와 실록의 바탕이 되는 사초의 중대성을 강조하
면서 무오사화의 희생양이었던 피고 측이 설득력을 얻는 듯했습니다.
그럼 지금 법정을 나서고 있는 두 분 변호사를 만나 보겠습니다.

김딴지 변호사

　원고 유자광은 '희대의 간신배, 무오사화
를 일으킨 천하의 역적'이라는 역사적 평가를
받고 있습니다. 숙적 김종직에 대한 개인적인 원한
과 한창 상승세를 타고 있는 사림파를 겨냥한 사기극이 바로 무오사화
라는 거지요. 그러나 이는 사실과 다릅니다. 유자광은 전대 왕에 대한
맹목적인 비판은 왕의 권위를 실추시키는 것이요 나라에 대한 불경죄
라고 본 것입니다. 따라서 피고 김일손의 사초 내용은 불손함을 넘어
왕의 권위를 끌어내리고 충성을 하지 않는 신하의 반역이라고 본 것입
니다. 유자광이야말로 나라를 위태롭게 하고 자기 손아귀에 권력을 쥐
고 흔들려는 사림파 무리에 단죄를 가한 진정한 결단력의 소유자이며
충신이었습니다.

이대로 변호사

　　　　　　무오사화를 일으킨 것이 나라를 위한 충성
심 때문이었다고요? 원고 유자광과 김맛지 변호
사는 작정하고 백성을 상대로 우스꽝스런 사기극을
벌이는 어릿광대 같습니다. 유자광은 시기심과 원한이 많은 자로, 서자
출신이라는 신분적 차별을 받다 보니 자신이 받은 천대를 두고두고 복
수한 소견이 좁은 인물입니다. 세조와 연산군에 대한 충심으로 한 일이
라는 말은 그럴듯한 변명거리에 지나지 않습니다. 서서히 세력을 확장
해 가는 사림파를 제거하고 김종직에 대한 개인적 원한을 푸는 데 김
일손의 사초 내용만큼 먹히는 게 또 있었겠습니까? 피고 김일손이야말
로 사관의 직분을 잊지 않은 강직한 인물이었습니다. 또 균형 잡힌 비
판 정신을 지닌 올곧은 선비였지요. 이런 치욕스런 자리에 불려 나오다
니! 이건 피고를 두 번 죽이는 일입니다.

　　왜 『조선왕조실록』은 왕이 볼 수 없었을까?

조선 왕조의 기록을 찾아서

　조선은 이성계가 고려를 멸망시키고 건국한 나라로 1392년부터 1910년까지 한반도를 통치하였지요. 왕도 제1대 태조부터 제27대 순종까지 이어졌답니다. 왕의 자리는 존엄한 것으로 많은 이들이 우러러보았지요. 그래서 조선에서는 이런 왕의 모든 것을 기록하고 또 남기고자 노력하였답니다.

『승정원일기』

조선 시대에 승정원에서 취급한 문서와 사건을 기록한 일기예요. 조선 전기부터 있었지만 여러 차례의 외란으로 불타 없어지고 오늘날 전하는 것은 인조 때 이후의 것이지요. 현재 국보 제303호로 지정되어 있으며 2001년에 유네스코 세계 기록 유산에 등재되었답니다. 『승정원일기』는 행정과 사무, 왕명의 출납을 맡은 승정원의 일을 기록한 일기로 왕 주위에 어떤 일들이 있었는지를 자세히 알 수 있는 기록 중 하나랍니다.

『조선왕조실록』

실록이란 왕이 재위한 동안의 모든 사실을 적은 기록을 말해요. 『조선왕조실록』은 조선 태조에서 철종까지 472년간의 역사적 사실을 각 왕별로 기록한 역사책이지요. 국보 제151호일 뿐만 아니라 1997년에는 유네스코 세계 기록 유산으로 지정되었답니다. 특히 『조선왕조실록』은 사건을 연월일 순으로 기록하는 편년체 방식으로 기록되었지요. 『태조실록』, 『정종실록』, 『세종실록』 등 왕별로 실록이 있는 반면, 폐위된 왕 때의 기록은 실록이라고 부르지 않고 '일기'라고 부른답니다. 『연산군일기』, 『광해군일기』 등과 같이 말이지요. 사진 속 유물은 조선의 제22대 왕인 정조의 역사를 기록한 『정조실록』이랍니다.

『일성록』

사진 속 유물은 국보 제153호이자 2011년에 유네스코 세계 기록 유산에 등재된 『일성록』입니다. 1752년(영조 28)부터 1910년(순종 4)까지 왕의 이모저모를 기록한 연대기이지요. 그래서 '왕의 일기'라고도 불립니다. 전체 2329권이 전하며 『조선왕조실록』, 『승정원일기』와 더불어 조선 왕조 3대 연대기로 꼽히지요. 실록의 기록은 후대 왕이 볼 수 없기에 실제 나라를 운영하는 데에는 도움이 되지 않았지만, 『일성록』의 기록은 후대 왕이 보고 참고할 수 있어 나라를 운영하는 데 큰 도움이 되었답니다.

출처: 세종대왕 유적관리소(http://sejong.cha.go.kr)

무오사화는 왜 일어났을까?

1. 사림파의 등장, 훈구파와의 갈등
2. 연산군 때도 이어진 사림파의 현실 비판

사림파의 등장,
훈구파와의 갈등

판사 두 번째 재판입니다. 그동안 원고와 피고 측 모두 재판 준비를 충실히 하셨으리라 믿습니다. 오늘은 무오사화가 일어난 원인이 무엇인지 살펴보겠습니다. 그러면 원고 측과 피고 측, 어느 분부터 이야기하겠습니까?

이대로 변호사 흐음, 오늘도 저부터 시작하셨습니다.

판사 좋습니다.

이대로 변호사 무오사화는 사관이 쓴 사초의 내용을 두고 벌어진 사건입니다. 왜 이런 일이 일어나게 되었는지 당시 시대적 배경을 찬찬히 검토해 볼 필요가 있습니다. ▶무오사화가 일어나게 된 데에는 당시 두 정치 세력이었던 훈구파와 사림파의 갈등이 숨어 있기 때문입니다. 이 사건을 역사적으로 조명하기 위해서 역사학자 나역사를 다시 증인으로 신청합니다.

판사   호오, 오늘도 어김없이 등장하는군요. 피고 측 변호인, 신문하세요.

이대로 변호사   증인, 무오사화가 일어났던 조선 중기에 정치적 입지를 굳혔던 두 세력이 바로 훈구파와 사림파인데요, 이들에 대해서 설명해 주시겠습니까?

나역사   역사를 살펴보면 언제고 대립하는 두 정치 세력이 있게 마련이지요. 연산군 때인 조선 중기 역시 마찬가지였습니다. 조선 왕조가 세워진 지 100여 년이 지난 조선 중기에 이르러 양반들은 유교를 어떻게 볼 것이고 또 실천할 것인지에 대해 입장이 나뉘게 됩니다. 훈구파는······.

이대로 변호사   증인, 죄송하지만 알아듣기 쉽게 설명해 주세요.

이대로 변호사의 말에 나역사는 겸연쩍은지 머리를 긁적였다. 잠시 당황한 기색이 보였으나 두어 번 헛기침을 하며 마음을 가다듬고 말을 이어 나갔다.

나역사   지적을 받으니 다소 떨리는군요. 그럼 여러분이 알아듣기 쉽게 설명해 보겠습니다. ▶▶훈구파는 나라를 처음 세울 때 공을 세우고 대대로 관직을 물려받은 보수파를 말합니다. 그에 비해 사림파는 전대 임금인 성종의 총애를

교과서에는

▶ 15세기 말부터 사림이 중앙 정계에 등장하면서 기존의 훈구 세력과 대립하기 시작했습니다.

▶▶ 훈구 세력은 막대한 토지를 소유한 대지주였습니다. 훈구 세력은 15세기 이래 늘어난 농업 생산력과 이를 배경으로 발달한 상공업의 이익을 독차지하고자 했습니다. 이들은 서해안 간척 사업과 토지 매입 등을 통해 농장을 확대해 나갔고, 대외 무역에도 관여했으며, 공물의 방납을 통해서도 경제적인 이익을 취하고 있었습니다.

받고 새로이 조정에 진출한 신진 세력입니다.

증인 나역사의 말에 그제야 이해된다는 듯이 방청객들이 고개를 끄덕였다. 그때 이대로 변호사가 다시 끼어들었다.

이대로 변호사　말하자면 기존 정치 세력 대 신진 정치 세력 간의 대립이라고 봐도 무방할 것 같습니다. 그런데 사실 성종 때부터 사림파가 세력을 얻기 시작한 데에는 특별한 이유가 있다면서요?

나역사　그렇습니다. 어느 때든 정치 세력의 입김이 강해지면 부패하기 마련이고, 나라를 손아귀에 쥐고 흔들려는 야심을 보이지요. 조선은 왕권이 센 나라였지만 사실 강한 정치 세력이 왕을 손바닥에 놓고 좌지우지하려던 일도 많이 벌어졌습니다. 그렇다 보니 성종은 녹록지 않은 훈구파 대신 새로 사림파를 등용해 왕권을 강화하고 구세력을 물갈이하려는 개혁적 성향을 보였습니다. 따라서 새로운 정치 세력의 우두머리인 김종직이 각별한 사랑을 받게 되었고, 사림파가 정치의 진면에 등장하게 된 것입니다.

이대로 변호사　그렇군요. 그러면 당시 훈구파를 대표하는 인물이 원고 유자광이었고, 사림파를 대표하는 인물이 김종직의 뒤를 이은 피고 김일손이었나요?

나역사　맞습니다. 유자광과 김일손은 두 정치 세력을 이끄는 핵심 인물 중 하나라고 할 수 있습니다. 게다가 유자광은 김일손의 스승인 김종직에게 해묵은 원한을 가지고 있기도 했지요.

이대로 변호사　　자꾸 끼어들어서 죄송합니다. 증인, 원고가 김종직에게 품었던 원한이 무엇이었는지 소상히 밝혀 주세요. 그래야만 오로지 나라와 임금을 위한 충성심으로 무오사화를 일으켰다는 헛소리를 원고 측에서 하지 않을 겁니다.

　이대로 변호사의 말에 발끈한 김딴지 변호사가 자리에서 벌떡 일어났다. 흥분한 표정이 역력했다.

어떻게 하면 훈구파의 손에서 벗어날 수 있을까?

김딴지 변호사   판사님, 이의 있습니다. 피고 측 변호인은 원고의 인격을 모독하는 발언을 서슴지 않고 있습니다.

판사   인정합니다. 피고 측 변호인은 주의해 주세요.

이대로 변호사   명심하겠습니다. 증인은 아까 한 질문에 대답해 주시기 바랍니다.

나역사   유자광이 김종직에 대해 해묵은 원한이 있다는 건 잘 알려진 사실입니다. 하지만 그 이야기는 좀 더 뒤로 미뤘으면 합니다. 지금은 훈구파와 사림파가 어떻게 갈등하게 되었는지가 먼저 나와야 한다고 생각합니다.

이대로 변호사   어이쿠, 제가 성미가 급했습니다. 그러면 먼저 훈구파가 어떤 세력이었는지 자세한 이야기를 들어 볼까요?

나역사   훈구파라는 명칭이 특정한 정치 세력으로 불리게 된 것은 사실 세조 이후부터입니다. 원래 훈구파는 훈구 공신, 훈구 대신 등 오랫동안 왕 곁에서 관직을 역임하면서 공로를 많이 세운 사람들을 가리키는 말이었지요. 그런데 세조 때부터 기성 집권 정치 세력을 뜻하는 말이 되었고, 성종 때부터 서서히 모습을 드러내기 시작한 신진 정치 세력인 사림파와 대비되는 용어로 쓰이기 시작했습니다. 이들은 세조 이후 정치권력을 독점하고 대대로 부를 누렸지요. 또한 이들이 권력을 손에 쥔 뒤 사적인 이익을 추구하면서 백성들의 원성을 사게 되었지요.

이대로 변호사   말하자면 부패한 정치 집단이 되었다는 말이군요?

나역사   그렇습니다.

이대로 변호사   그러면 사림파는 어떤 세력이었나요?

나역사   사림파는 지방에서 세력을 확장해 나가던 새로운 부류의 성리학자들이었어요. 권력과 부를 독점한 훈구파를 비판하면서 백성의 지지를 얻었으며, 성종이 김종직을 곁으로 불러들이면서 새로운 정치 세력으로 등장하게 되었습니다.

이대로 변호사   그러니까 부패한 훈구파를 밀어내고 새롭게 정치의 장으로 등장한 세력이 사림파였다는 말이군요.

나역사   그렇습니다. 원래 사림이란 말 자체가 '학문을 강론하고 도를 논하는 사람'이란 뜻으로 연암 박지원 선생이 한 말입니다. 달리 말하면 학문하는 선비의 무리라는 거지요. 이들은 고려 말 부패한 귀족 세력을 비판하며 등장한 신흥 사대부가 백성의 지지를 받았듯이, 부패한 훈구파를 대신할 개혁 세력으로 왕과 백성의 지지를 받고 성장하였어요.

이대로 변호사   그렇다면 필연적으로 훈구파와 사림파는 갈등을 겪을 수밖에 없는 상황이었군요! 제 밥그릇을 지키려는 보수파와 개혁하려는 신진 세력은 결코 사이가 좋을 수 없었을 테니까요.

나역사   그렇습니다.

이대로 변호사   사림들은 주로 어떤 관직에 배치되었나요?

나역사   세력이 커진 훈구파를 억누를 수 있는 묘안을 생각하던 성종은 큰 힘을 휘두르던 훈구파를 견제하기 위해 ▶삼사에 사림파를 기용했습니다.

이대로 변호사   성종이 특별히 삼사에 사림파를 기용한 이유는 무엇이었나요?

나역사   ▶▶사헌부, 사간원, 홍문관을 삼사라고 부르는데, 조선 시대 언론 기관으로 잘못된 정치를 비판하는 역할을 담당하던 곳입니다.

이대로 변호사   한마디로 말해 새로운 정치 세력에게 비판의 칼날을 맡기고자 사림을 삼사에 배치한 것이군요!

나역사   그렇습니다. 사림은 브레이크 없는 자동차와 같았던 훈구파를 멈추게 만들 대항 세력이었던 것이지요.

이대로 변호사   그러니 훈구파에겐 사림이 눈엣가시 같았겠군요?

나역사   그랬을 겁니다. 하는 일마다 사사건건 간섭하고 뭇매를 때리는 통에 바짝바짝 약이 올랐을 겁니다.

김딴지 변호사   판사님, 이의 있습니다. 증인은 원고 측을 매도하고 있습니다.

이대로 변호사   아닙니다, 판사님. 훈구파와 사림파의 갈등이 빚어진 원인이 무엇인지를 정확히 밝혀야 무오사화가 벌어진 배경을 알 수 있습니다.

판사   이의를 기각합니다. 훈구파와 사림파 간의 갈등을 이해하기 위해 필요한 내용이라고 판단됩니다.

이대로 변호사   감사합니다, 판사님. 증인, 훈구파와 사림파의 대립으로 사림이 화를 입게 된 첫 번째 사건이 바로 무오사화인데요, 이 무오사화가 일어나게 된 계기는 무엇입니까?

나역사   그 계기는 연산군의 아버지인 성종 때로 거슬

교과서에는

▶ 사헌부, 사간원, 홍문관의 삼사는 정치를 비판하고 비리를 감찰하는 언론 기능을 담당했습니다. 삼사의 언론은 왕이라도 함부로 막을 수 없었고, 이를 위한 여러 규정이 관행으로 받아들여졌습니다. 이와 같은 삼사의 기능 강화는 권력의 독점과 부정을 방지하기 위해 만들어진 조선 시대 정치의 특징적인 모습입니다.

▶▶ 조선 시대에는 왕이 바른 정치를 할 수 있도록 일깨워 주는 사간원, 관리의 비행을 감찰하는 사헌부, 왕의 정치 자문과 왕명의 대필을 담당한 홍문관이 있었습니다.

왜『조선왕조실록』은 왕이 볼 수 없었을까?

러 올라갑니다. 성종이 새로운 정치 세력인 사림파를 불러
들이면서 훈구파와 갈등을 빚게 된 겁니다. 사림파가 먼저
훈구파에 대한 1차 공격을 시도했지요. 그게 바로 1471년
(성종 2)에 사림 세력이 부정부패의 온상이라며 훈구파의
유자광과 임원준, **임사홍** 부자를 탄핵한 것입니다.

재판 둘째 날 | 무오사화는 왜 일어났을까?

이대로 변호사 판사님, 이 사건은 당사자에게 직접 듣는 게 더 나을 것으로 생각됩니다. 당시 이 사건과 관련이 있었던 이심원을 증인으로 신청합니다.

판사 좋습니다. 나역사 증인은 돌아가도 좋습니다. 이심원 증인은 앞으로 나와서 선서해 주세요.

이심원 선서! 나, 이심원은 진실만을 말할 것을 엄숙히 선서합니다.

판사 자기소개를 해 주세요.

이심원 나는 이심원이라고 하오. 효령 대군의 증손으로 김종직의 제자였지요. 성종 임금의 사랑을 받아 벼슬을 했으나 임사홍의 계략으로 유배 생활을 했고, 연산군 때 갑자사화에 연루되어 두 아들과 함께 억울한 죽음을 당했소이다.

이대로 변호사 어려운 발걸음 해 주셔서 감사합니다.

이심원 진실을 가리는 자리에 나오는데 어찌 주저함이 있을 수 있단 말이오. 이렇게 늦게나마 진위를 가리는 자리가 마련되니 기쁘기 한량없소.

이대로 변호사 그럼 질문을 시작하지요. 1471년에 사림이 훈구파인 유자광과 임원준, 임사홍 부자를 탄핵한 사실이 있지요?

이심원 그렇소. 날이 갈수록 오만방자해지는 훈구파를 그냥 두고 볼 수만은 없었소. 누군가 그들의 방자함을 꺾어 주어야만 했소.

이대로 변호사 그러나 당시는 훈구파가 득세하던 때 아닙니까? 그럼에도 불구하고 사림파가 훈구파를 탄핵했던 데에는 그만한 이유가 있었을 것으로 보이는데요?

이심원　당시는 원칙과 질서가 무너지고 진실은 땅바닥에 내동댕이쳐진 암흑의 시대였소. 유자광 같은 이는 임금의 총애를 받아 서자 신분을 넘어 벼슬을 받고, 무고한 사람을 일러바쳐 좋은 벼슬자리를 얻기도 했소. 그뿐만이 아니었소. 그 부모와 처자식에게 과분한 벼슬을 내리게 하는 등 온갖 정치적, 경제적 특혜를 누리고 있었소. 그러니 누군가는 그 횡포를 막아야 하는 거 아니겠소? 그래서 우리 사림이 나서서 이들을 탄핵한 거요.

이대로 변호사　그런데 어처구니없게도 탄핵 당일 옥에 갇힌 사람들은 유자광이 아니라 탄핵을 주도했던 사림 20여 명이었지요?

이심원　참으로 어이없는 결과였소. 훈구파를 탄핵하려다가 도리어 사림파가 위기에 몰리게 된 거지요. 이런 상황을 지켜볼 수만은 없었던 나는 성종 임금을 직접 만나 이야기하는 것이 좋겠다고 생각했소. 나는 왕실의 종친이라 어느 정도 영향력을 발휘할 수 있는 입장이었소.

이대로 변호사　그런데 제가 듣기로 사림의 탄핵을 받은 임사홍은 증인의 고모부라면서요? 고모부면 가까운 친척인데, 어떻게 이 일에 나서게 된 것입니까?

이심원　그는 인척 관계를 끊고 싶을 만큼 됨됨이가 모자란 사람이었소. 권력에 눈이 멀어 유자광과 손잡고 나쁜 짓을 해대는 통에 부끄러워서 고개를 들지 못할 정도였소. 사람이 싫으면 안 보면 그만이오. 그러나 버릇 나쁜 미꾸라지가 흙탕물을 일으키니 어찌 두고 볼 수 있겠소? 유자광과 임사홍 부자는 제멋대로 권력을 휘두르며

종친
왕의 친족을 일컫는 말입니다.

꿍무니로는 재물을 모으는 인물들이었소. 한마디로 부정부패의 온상이었소.

이대로 변호사   그럼 증인이 성종 임금을 직접 만난 것은 효과가 있었나요?

이심원   그렇소. 내 말을 믿은 성종 임금은 양측을 불러들여 대질신문을 했소. 그 결과 그들이 저지른 부정부패가 낱낱이 드러나게 된 거요.

이대로 변호사   그래서 어떤 벌을 받았습니까?

왜 『조선왕조실록』은 왕이 볼 수 없었을까?

이심원　그들이 저지른 악행으론 사형을 받아도 모자라오. 그러나 공신과 외척이라는 이유로 사형 대신 유배형을 받았소.

이대로 변호사　결국 증인의 활약으로 사림파가 승리하게 된 것인가요?

이심원　꼭 그렇지는 않소. 우리 사림도 화를 입었으니 말이오. 훈구파는 자신들을 탄핵했던 관리 중 표연말과 김맹성을 공격해 유배형에 처하게 했소. 이 두 사람은 모두 김종직의 제자들로 성격이 강직하고 곧아서 불의를 보면 참지 못하는 인물들이었소. 바로 이런 점이 훈구파의 비위를 뒤집었는지 끝까지 그 두 사람을 물고 늘어지더군…….

증인은 당시의 처절했던 싸움이 떠올랐는지 눈을 지그시 감고 울분을 억누르는 모습이었다.

이대로 변호사　존경하는 판사님, 그리고 배심원 여러분, 증인의 증언을 통해 훈구파의 부정부패가 어느 정도였는지 정확히 아셨을 것이라 생각합니다. 훈구파들이 정치를 잘했다면, 아니 최소한 부정부패를 일삼지만 않았다면 사림파가 훈구파를 비판할 하등의 이유가 없질 않습니까? 이상입니다.

판사　잘 들었습니다. 그럼 원고 측 변호인, 반대 신문 있습니까?

김딴지 변호사　네, 판사님. 반대 신문 하겠습니다.

김딴지 변호사는 자리에서 일어나 증인에게 다가갔다.

김딴지 변호사　증인, 증인은 훈구파를 공격하면서 "세조 때의 공신은 쓸 수 없다"고 말한 적이 있지요?

이심원　그, 그건…….

증인이 얼버무리며 답변을 흐리자 김딴지 변호사는 호통이라도 칠 기세로 더욱 바짝 다가서며 답변을 재촉했다.

김딴지 변호사　제 질문에 '예, 아니오'로만 대답해 주십시오.

이심원　……그렇소.

김딴지 변호사　존경하는 판사님, 그리고 배심원 여러분, 지금 증인의 답변 잘 들으셨지요? 증인은 세조 때의 공신을 쓰지 말라고 말하며 세조를 비난하고 헐뜯었습니다. 이게 유학을 공부한 학자로서 할 수 있는 말입니까? 자신의 목적을 위해 왕까지 기만한 증인의 말을 믿을 수 있겠습니까?

이심원　…….

김딴지 변호사　그리고 증인은 한두 명도 아니고 세조의 공신 모두를 쓸 수 없다며 매도했습니다. 나라를 위해 목숨을 바친 공신들에게 이런 모욕을 주다니, 이것 역시 용납할 수 없는 일입니다. 나라가 위태로울 때 목숨을 걸고 앞장섰던 훈구파 인사들에게, 약간의 잘못과 비리 사실을 가지고 지나칠 정도로 비난하는 것은 도리와 명분에도 어긋난다고 생각합니다.

이심원　뭐, 뭐요?

김딴지 변호사　잘못이 어디 그뿐입니까? 증인은 자신의 고모부인 임사홍을 탄핵하지 않았습니까! 오죽했으면 분노한 증인의 할아버지가 '조부에게 불경죄를 지었다'라고 증인을 고소하는 바람에 고신까지 환수당하고 유배형에 처해졌겠습니까!

이대로 변호사　판사님, 이의 있습니다. 증인은 나라를 위해서 사사로운 정에 얽매이지 않은 것뿐입니다. 이를 두고 비판하는 것은 옳지 못합니다.

김딴지 변호사　그럼 사림파를 두둔했던 증인이 '훈구파를 등용하지 말라'고 권고하면서 사림파를 등용시키려고 유일천거제를 주장한 것에 대해서는 어떻게 설명하겠습니까! 증인이야말로 훈구파를 몰아내고 권력을 손에 쥐고자 했던 탐욕에 가득 찬 사람이 아닙니까!

이대로 변호사　탐욕이라니요! 김딴지 변호사, 말이 너무 지나치십니다. 증인이 주장한 유일천거제는 기존의 과거 제도가 훈구파 인사들에 의해 좌지우지되기 때문에 내놓은 대안일 뿐입니다. 사적인 욕심에서 제기한 것이 아닙니다.

판사　자, 다들 진정하세요. 원고 측 변호인은 계속해 주세요.

김딴지 변호사　피고 측 변호인과 증인은 사림파가 마치 훈구파에게 떼죽음을 당한 희생양인 양 분위기를 몰아가고 있는데, 이건 사실과 다릅니다. 사림들은 성종의 사랑을 조금 받은 후로는 기세가

고신
조정에서 내리는 벼슬아치의 임명장을 뜻합니다. 직첩이라고도 불리지요.

유일천거제
재야에 묻혀 있는 학자, 문신, 효행자를 추천에 의해 관직에 나갈 수 있도록 한 제도입니다. 유일천거제는 사림파의 관직 진출을 의미합니다.

이목

조선 전기의 문신입니다. 훈구파 윤필상을 탄핵하다가 공주에 부처(지정된 곳에 머물러 있게 하던 형벌)되었습니다. 무오사화 때 사형을 당했지요.

간귀

귀신같이 간사하다는 의미입니다.

등등해져서 위아래도 몰라보고 훈구파들을 능멸했습니다. 증인, 혹시 **이목**이라는 사람을 알고 있습니까?

이심원　이목이라? 글쎄올시다…… 잘 기억이 나지 않는데, 어떤 사람인지 설명을 들으면 알 수 있을 것 같기도 하고…….

김딴지 변호사　이목은 김종직의 제자로 성균관 유생이었습니다. 그는 훈구파 공격의 선봉에 서서 1492년 당대의 권세가인 영의정 윤필상을 직접 지목하며 비판하기도 했지요. 기억이 나십니까?

이심원　아, 이제야 기억이 나는구려. 불의를 참지 못하던 젊은 청년이었지요.

김딴지 변호사　이목은 왕 앞에서 "영의정 윤필상은 그 간교함이 비할 데가 없음을 나라 사람들이 모두 알고 있습니다. 성균관과 사학의 학생들은 모두 그를 '간귀'라고 부르고 있습니다"라고 고자질했습니다. 윤필상을 간귀라 부르며 비난했던 이목의 이런 행위가 옳은 것이라고 생각합니까?

이심원　표현이 지나친 것은 인정하오. 그러나 당시 윤필상의 행위를 보면 그 같은 말을 들어 마땅하오. 당시 영의정이었던 윤필상은 욕심이 많고 인색하여 재산을 모으기 위해 매점매석을 하는 것도 마다하지 않았소. 오죽하면 그 집 앞이 시장과 같았다는 말을 들었겠소? 그뿐만 아니오. 정치를 할 때는 자신의 소신은 하나도 없이 윗사람이 듣기 좋아하는 말로 아첨하는 게 습관인 사람이었소. 이러한 그

의 행위를 두고 '간귀'라고 부른 것이오. 그게 그렇게 큰 잘못이오?

김딴지 변호사   증인, 입심과 기세가 좋군요. 그럼 다른 예를 하나
더 들겠습니다. 나라에 가뭄이 들면 그 원인을 찾아 해결하는 게 학
문하는 사람의 도리 아니겠습니까? 그런데도 이목은 "윤필상을 솥
에 삶아 죽이면 하늘이 비를 내려 줄 것이다"라고 모든 죄를 윤필상
에게 뒤집어씌웠는데, 이것은 어떻게 생각하십니까?

이심원   나라의 정치를 책임지고 있는 사람이 자기 도리를 다해야
한다는 따끔한 충고일 따름이오.

김딴지 변호사　증인의 입심에는 정말 못 당하겠습니다. 그렇지만 여러분, 한번 생각해 보십시오. 윤필상은 어린 유생이었던 이목의 비뚤어진 공격을 당하고도 영의정이라는 자신의 신분이 있기에 유치한 싸움을 할 수도 없었습니다. 그러니 얼마나 답답한 노릇이었겠습니까!

이대로 변호사　판사님, 이의 있습니다! 사림의 소신 있는 비판을 일개 유생의 비난 정도로 생각하는 원고 측의 인식은 잘못된 것입니다. 또한 이목이 윤필상을 비판한 원인은 살피지 않은 채 단순히 비난한 것 자체만을 가지고 문제 삼는 것은 본질에서 벗어난 것입니다.

판사　네, 일리 있는 주장입니다. 이대로 변호사, 계속 반론해 보세요.

이대로 변호사　존경하는 판사님, 그리고 배심원 여러분, 피고 측에서는 이목이 훈구파를 비난한 말을 가지고 헐뜯고 있습니다. 그러나 저들도 이런 측면에서는 자유롭지만은 않을 것 같습니다.

판사　그렇습니까?

이대로 변호사　네. 훈구파도 어린 이목을 대놓고 공격하는 것은 무리가 있다고 생각했는지, 이목의 스승인 김종직을 겨냥해 졸렬한 공격을 가했습니다. 모두들 아시다시피 김종직은 사림파의 정신적 스승으로 불리는 사람이었고, 사림이 정계에 나갈 수 있도록 길을 닦은 인물입니다. 성종의 각별한 총애를 받음으로써 이후 사림파가 중앙 정치에 나갈 수 있게 해 주었지요. 또한 남효온, 권오복, 유호인, 정희량, 강희맹 등 당대에 이름을 떨친 학자들을 길러 낸 뛰어난 스승이기도 합니다. 그런데도 훈구파는 김종직을 공격하는 데 혈안이 되어 딴죽을 걸었습니다.

판사　구체적인 예를 들어 주시지요.

이대로 변호사　훈구파는 김종직에게 내려진 '문충공(文忠公)'이란 시호가 과분하다고 딴죽을 걸었습니다. "문자나 겨우 해독할 뿐 주자와 정자의 학설을 잇지 못한 김종직에게 성인과 같은 문충이란 시호를 내린 것은 부당합니다. 마땅히 바꾸어야 합니다"라고 했지요. 더 나아가 훈구파는 이런 시호를 내리게 된 배경을 조사해야 한다고 시비를 걸었습니다. 증인, 이에 대해서는 어떻게 생각합니까?

이심원　김종직 선생에게 문자나 겨우 해독한다는 망언을 하다니…… 우리 사림 전체에 대한 모독이었습니다.

이대로 변호사　여러분, 증인의 발언을 꼭 기억해 주십시오. 원고 측에서는 이목의 발언을 문제 삼았지만, 정작 저들도 다르지 않았다는 것을 말입니다. 문제의 근원은 부패한 구 정치 세력과 신진 정치 세력 간의 권력 투쟁이었습니다.

판사　양측의 주장 잘 들었습니다. 훈구파와 사림파의 대립이 성종 때부터 매우 격렬했다는 것을 알 수 있었습니다. 그럼 시간이 많이 흘렀으니 본격적으로 사화가 일어나게 되는 연산군 때의 상황에 대해 살펴보기로 합시다. 자, 어느 측에서 먼저 변론하겠습니까?

조선 시대 왕과 언론의 관계

조선 시대의 언론은 자유롭고 넓게 열려 있었습니다. 그러나 자세히 들여다보면 그다지 언론의 길이 넓었던 것만은 아니었습니다. 신문고 제도가 있었으나 실효를 거두기 어려웠고, 유생들의 상소가 허용되었으나 방법과 절차가 까다롭고 또 권력층으로부터 방해를 받아 마음대로 아무 때나 할 수 있는 것이 아니었기 때문입니다. 따라서 조선 시대 언론은 결국 언관의 언론이 중심이 될 수밖에 없었습니다.

그러나 언관의 언론 역시 항상 이상적으로 이루어질 수는 없었습니다. 때로는 언관의 구성 여하에 따라서, 때로는 군주나 집권자의 언관에 대한 태도와 정치적 성향에 따라서 그 내용의 변화를 가져왔고, 활동의 제한이 발생하는 경우도 많았습니다.

조선 건국 이후 왕권이 강화 또는 안정되었으나 언론의 분위기는 그다지 안정된 것이 아니었습니다. 특히 무단적인 왕권을 이룩한 태종 때와 세조 때는 언관과 언론에 대한 탄압이 심했습니다. 왕권을 강화하는 과정에서 언관과 언론은 탄압과 봉쇄를 당했던 것입니다. 그러나 왕권이 안정되었던 세종 후반기의 경우에는 언관의 언론을 탄압할 이유가 없었으며, 유교 정치의 기반이 조성되었던 만큼 언론 활동이 활발했습니다.

연산군 때도 이어진 사림파의 현실 비판

김딴지 변호사　판사님, 저희 쪽에서 먼저 하겠습니다. 우선 당시 상황을 자세히 듣기 위해 증인을 모셨습니다. 무오사화를 일으킨 주범이자 폭군으로 알려진 연산군을 모시고 싶습니다.

"드디어 연산군이 등장하는 거야?"
"와, 폭군 연산군 얼굴을 직접 볼 수 있겠군."
증인으로 등장하는 연산군 얼굴을 보려고 방청석에서 일대 소동이 일어났다.

판사　증인 연산군은 나와서 선서하세요.
연산군　선서! 나, 연산군은 진실만을 말할 것을 맹세합니다.

김딴지 변호사   증인, 간단히 자기소개를 해 주세요.

연산군   나는 연산군이오. 이미 세간에 유명 인물로 회자되는 건 잘 알고 있소. ▸잘 알다시피 내가 왕위에 있던 시절 무오사화와 갑자사화가 일어났소. 그리고 즉위한 지 12년 되던 해에 중종반정으로 유배를 당하고, 그해 죽음을 맞이했소. 조선 최초로 신료들에 의해 축출된 폭군의 대명사가 되었소. 임금을 모셔야 할 신하들이 임금을 내치다니, 이 같은 불충이 어디 있소? 나는 억울하고 분해서 죽어서도 눈을 감지 못하고 있소.

연산군의 자기소개에 방청석에서 작은 소란이 일었다.

"죽어서도 자기 죄를 뉘우치지 않다니, 정말 한심하군."

"저러니 그렇게 포악을 떨었지! 당해도 싸다!"

연산군은 방청객들의 분노와 소란에 화가 치미는 모양이었다.

연산군   무엄하도다. 입을 다물라!

연산군의 호통에 방청객들은 순간 너무 놀라 말문을 닫았으나 곧 다시 법정이 소란스러워졌다.

"어디 와서 행패냐!"

"연산군을 몰아내라!"

법정이 떠들썩해지자 판사가 나섰다.

왜 『조선왕조실록』은 왕이 볼 수 없었을까?

판사　　자, 조용히 하세요. 이렇게 하면 재판을 진행할 수 없습니다.
증인도 경거망동을 삼가세요.

판사의 말에 연산군은 뭔가 대거리를 할 듯하다가 말았다.

연산군　에잉!

김딴지 변호사　증인, 소란을 일으키시면 곤란합니다. 지금은 국왕이 없는 시절이라 국왕 대우를 받긴 힘듭니다. 게다가 원죄가 있질 않습니까? 자중해 주세요.

연산군　평등 사회, 평등 사회 하더니 상것들로 가득 찬 사회구먼!

김딴지 변호사　이제 증언할 마음의 준비가 되셨습니까?

연산군　질문이나 시작하시오.

김딴지 변호사　제가 듣기로 증인은 재위 시절 사림들 때문에 고통을 많이 당하셨다고 하는데, 맞습니까?

연산군　두말하면 잔소리요. 내가 사림들 때문에 당한 고통은 부지기수요. 어찌나 끈질긴지 한번 물면 놓지 않는 사냥개 같았소. 게다가 행동은 안 하면서 웬 말들은 그리 많은지…….

　연산군의 증언에 법정이 다시 한 번 술렁였다.
　"저러니 온 나라에 피바람이 불었겠지!"
　"어쩜 저렇게 자기 잘못을 모르고 뻔뻔할까!"
　심상치 않은 법정의 분위기에 다시 한 번 판사가 방청객과 연산군에게 주의를 줬다. 그러자 화가 난 연산군이 얼굴을 찌푸리며 말했다.

연산군　허, 거참! 내가 왜 이 자리에 나와 명령을 받아야 하는지 모르겠소. 마음 같아선 당장 돌아가 버리고 싶소.

김딴지 변호사　그러면 당시의 상황을 정확히 알기 힘듭니다. 증인께서도 그동안의 오명을 씻고 싶다고 하지 않으셨습니까? 그렇다면 최소한의 협조를 해 주셔야죠.

연산군 받아들이겠소.

잠시 난처한 표정을 짓던 김딴지 변호사가 특유의 기지를 발휘하여 연산군을 설득하였다.

김딴지 변호사 증인, 당시 정치적 상황이 어떠했는지 간단히 말씀해 주시지요.

연산군 내가 재위했던 초반은 겉보기엔 평화로웠소. 선대 임금이신 성종이 다져 놓은 기반이 있었기에 가능한 일이었소. 그러나 그 내부를 들여다보면 뱀이 똬리를 틀듯 골치 아픈 일이 벌어질 조짐이 엿보였소.

김딴지 변호사 그게 뭐였습니까?

연산군 성종 임금은 재위 시절 사림파를 대거 등용했소. 그러나 그 이전부터 정치권의 주도 세력이었던 훈구파는 이게 못마땅하고 불만이었던 거요. 그래서 늘 훈구파와 사림파의 치열한 암투가 전개되고 있었소. 그 두 정치 세력을 어떻게 조정하느냐가 내게 주어진 과제였소. 즉 두 파 중 어느 한 파와 손잡고 정치를 해 나가든지 양쪽을 조정하든지 해야 했소.

김딴지 변호사 그런데 결국 훈구파와 손잡고 사림파를 제거하는 결단을 내리신 거군요?

연산군　　그렇소. 사실 두 파 모두 못마땅했으나 특히 사림파는 나를 그냥 두지 않았소. 전대 왕의 총애를 받은 티를 내며 나에게 도전하는 언행을 서슴지 않았지요. 직언과 간쟁이라는 이유를 대면서 말이오. 말이 좋아 직언과 간쟁이지, 왕을 제 신하처럼 다루었소. 글쎄 하루는 내가 눈병에 걸려 경연에 참석할 수 없는 상황인데도 반드시 참석해야 한다고 말할 정도니, 짐작하시겠소?

김딴지 변호사　　그건 좀 지나친 행위로 보입니다만…….

연산군　　매사가 그런 식이었소. 무슨 일 하나 벌이려고 해도 우르르 몰려들어 그건 잘못됐다느니 도리에 어긋난다느니…… 도대체 뭐 하나 제대로 하질 못했소. 신진 정치 세력으로 등장해 비판의 달인이라고는 하나, 비판만 하는 달인이라는 게 당시 내 판단이었소.

이대로 변호사　　판사님, 이의 있습니다. 증인은 피고 측을 모욕하는 발언을 하고 있습니다. 시정을 요구합니다.

판사　　인정합니다. 그러면 잠시 동안 피고 측 변호인에게 반대 신문할 기회를 드리겠습니다.

이대로 변호사　　감사합니다.

　　이대로 변호사는 잠시 연산군을 뚫어지게 바라보았다. 이윽고 이대로 변호사가 말문을 열었다.

이대로 변호사　　증인은 사림파가 증인을 괴롭힌, 쓸모없는 비판의 달인이라고 비난했습니다. 그러면 훈구파는 어땠나요? 훈구파는 대대로 자기 세력만 불리고 자기 주머니만 채운 사람들 아닙니까? 그런데도 증인은 훈구파와 손잡고 사림파 인사들을 공격했습니다. 왜 그랬나요?

연산군　허허, 변호인의 기세가 만만치 않군그래. 그러나 모든 것을 단순화시키는 오류를 범하지 마시오. 생각해 보시오. 사림파는 신진 정치 세력이었소. 기개는 높았지만 정치적 식견이 부족했소. 자신들의 정치적 목적을 달성하기 위한 도구로 나를 생각했을 뿐이오. 조선 왕조가 왕이 마음대로 권력을 휘두를 수 있는 시대였다고 생각하면 오산이오. 신하들의 입김이 너무 세서 왕을 자기들 뜻대로 부리던 때요. 난 그래서는 안 된다고 생각했소. 직언과 간쟁을 들어 왕의 권위에 도전하는 무리에게 본때를 보여야 했소.

이대로 변호사　그래서 대안으로 택한 것이 훈구파였습니까?

연산군　그럼 달리 누가 있단 말이오? 나의 권위에 도전하는 사림파 대신 훈구파를 택해 어르고 달래고, 때로는 채찍을 휘둘러야지.

이대로 변호사　도대체 사림파가 어떻게 증인을 압박했나요? 증인은 경연에는 참석하지 않으면서도 잔치에는 참석했고, 문무 대신과의 사냥 놀음에 빠져 정치는 등한시하지 않았습니까?

연산군　내가 정치에는 하등의 관심이 없고 놀음에만 빠져 있었다는 건 지나친 판단이오. 나도 제대로 된 정치를 펴기 위해 각고의 노력을 했소. 물론 나중에 곁길로 샜다는 건 인정하오. 그러나 그 전에는 좋은 정치를 펴기 위해 애썼소. 그리고 내가 임금이기는 하지만

늘 고된 업무에 시달리는 건 좋지 않은 일이오. 경연도 중요하지만, 그만큼 휴식을 취하는 것도 필요하다는 판단이었소. 병에 걸린 사람을 경연에 불러내는 사림파 행동이 과연 옳은 것이오? 대답해 보시오, 이 변호사!

연산군은 차분한 태도로 이대로 변호사를 다그쳤다. 당황한 이대로 변호사는 땀이 나는 이마를 손수건으로 훔쳤다.

이대로 변호사 다음 질문을 하겠습니다. 사림파가 증인의 생모인 폐비 윤씨의 묘소 건립을 반대했을 때 위협적인 언행을 서슴지 않았지요?

연산군 나를 낳아 준 부모를 모시고 돌보는 것은 그 누구도 부인할 수 없는 자식의 도리요. 그마저도 할 수 없다면 어찌 자식이라 할 수 있겠소? 그런데도 사림파는 이 같은 최소한의 인간적 도리를 지키겠다는 내 의견을 묵살하고 무조건 결사반대를 외쳤소. 생각해 보시오. 내가 내시를 보내서 묘소를 살펴보게 했더니, 무너진 지 여러 해가 지나 다시 세우지 않으면 해골이 나올 지경이었소. 자식 된 도리로 날을 잡아 묘를 옮기고자 했을 뿐이오. 그런데 이를 무조건 반대하니, 그렇게 말하는 자는 용서 없이 참하겠다고 말했던 거요.

이대로 변호사 아무리 왕이라지만 너무 심한 것 아닌가요?

연산군 그렇게 생각지 않소. 이 변호사를 보니 당시 사림파를 대하는 것처럼 마음이 갑갑해지오.

태백성
'금성'을 이르는 말입니다. 저녁 무렵 서쪽 하늘이나 새벽의 동쪽 하늘에서 볼 수 있습니다.

이대로 변호사　　저도 마찬가집니다. 당시 사림이 된 것처럼 숨통이 막힙니다. 어찌 그리 고집불통이십니까?

연산군　　그건 사림파에게 들려주고 싶은 말이오. 피고 측 변호인이라 그런지 말하는 것도 똑같구료.

이대로 변호사　　신하들이 아무에게나 벼슬을 주어서도 안 되고 상벌을 남발해서도 안 된다고 권하면서 나라의 안위가 달린 일이라고 말했을 때도 역시 극단적인 말을 했지요?

연산군　　그렇소. 인사와 상벌은 임금의 권한이오. 그런데 이를 문제 삼는 건 신하의 도리가 아니오.

이대로 변호사　　그때 뭐라고 했는지 기억나십니까?

연산군　　내 기억력을 시험하는 거요? 난 이래 봬도 명민한 사람이오. 내가 한 치도 틀리지 않게 되풀이해 주겠소. "너희들은 당연히 극형을 받아야 한다", "너희들의 말은 도리어 미미한 내시들만도 못하다", "경 등은 아직 어리다" 등의 발언을 했소.

이대로 변호사　　신하들이 답답한 마음에 "전하께서 신하들의 말을 이렇게 거부한다면, 누구와 함께 정사를 모의하며 나라를 유지하실 것이냐?"고 했을 때는 뭐라고 했습니까?

연산군　　음, 또렷이 기억나오. "죄는 목을 베어도 용서되지 않으니 마땅히 극형을 받아야 한다"고 했소.

이대로 변호사　　이런 일이 부지기수였습니다. 낮에 태백성이 나타나고 비가 많이 내렸을 때는 뭐라고 했나요?

연산군　　임금은 약하고 신하의 권한은 크다고 했소.

이대로 변호사   실례지만 그게 도대체 무슨 뜻입니까?

연산군   사림파가 임금의 말을 무시하고 권한을 쥐고 흔드는 것이 못마땅해 한 말이오.

이대로 변호사   어떻게 그리 심한 말을 할 수 있나요? 아무리 싫더라도 함께 정치를 운영하는 인사들이 아닙니까?

연산군   흠, 내 입장이 한번 되어 보시오. 어디 그런 말이 나오나. 이 변호사의 성품으로 보아 나보다 더한 말을 하고도 남을 사람 같소.

이대로 변호사   무오사화 당시 유자광의 이야기가 과하다는 것을 알고 있었지요? 그렇지 않습니까, 증인!

이대로 변호사가 언성을 높였다. 연산군의 얼굴에 불쾌한 기색이 나타났다가 사라졌다.

연산군   흠흠.

이대로 변호사   그래서 무오사화의 주역은 증인 연산군이고, 유자광과 이극돈 등 훈구파는 조연일 뿐이라는 평가가 있는 것입니다. 이에 대해선 어떻게 생각하십니까?

연산군   뭐, 내가 벌인 일이니 달리 부인하지는 않겠소.

이대로 변호사   신하들이 훈구 대신 노사신을 탄핵하라고 했을 때도 심한 말을 했지요?

연산군   심한 말을 했다고는 생각지 않소. 임금으로서 당연히 할 말을 한 것뿐이오. 무슨 말을 했는지 소상히 밝혀 드리리다. 요즘 내

가 어떤 일을 하려고 하면 신하들이 반드시 고치고자 하여 조정의
권한이 신하들의 손에 있는 것 같다고 했소. 나를 어리다고 여겨 이
런 말을 하는 것이라고 했소. 그게 큰 잘못이오? 어린 임금을 됐다고
제멋대로 농락하려고 하는 건 분명히 기강이 무너진 것 아니겠소?
난 잘못된 일을 바로잡으려고 했을 뿐이오.

이대로 변호사　　신하들의 간쟁이 없다면 어떻게 올바른 정치가 되
겠습니까? 그거야말로 일방통행인 거지요. 그래서 유교적 이상 정치
는 왕과 신하가 조화를 이루어야 비로소 성사될 수 있다는 거고요.

왜 『조선왕조실록』은 왕이 볼 수 없었을까?

증인은 이에 동의하십니까?

연산군 어느 정치든 잘잘못을 가려야 하고 비판이 필요하다는 건 동의하오. 그러나 사림파의 간언은 도무지 받아들이기 어려울 정도로 도를 지나쳤소.

이대로 변호사 그럼 이것은 어떻습니까? 증인이 사찰을 지으려고 할 때 사림은 "임금이 가장 두려워해야 하는 것은 만세의 공론인데, 지금 절을 창건하는 일은 후세에 비난 공론이 있을까 걱정됩니다"라고 했습니다. 이때 증인은 뭐라고 하셨습니까?

연산군 또렷이 기억나오. "내가 어찌 후세의 공론을 두려워하겠느냐?"라고 했소.

이대로 변호사 사림은 임금의 권위에 도전한 것이 아니라 걱정하는 마음에 충심으로 권고한 것이었습니다. 그런데도 증인은 무조건 내치셨군요?

연산군 내가 즉위한 이후로 사림의 간쟁이 없는 날이 없어서, 음식을 먹어도 맛이 달지 않았고 누워도 깊이 잠들지 못했소. 마음이 이와 같으니 어찌 병이 나지 않겠소? 나는 그들의 간언에 정이 다 떨어졌소.

이대로 변호사 증인이 사림파의 간언에 정이 떨어진 것은 누구든 알 수 있었을 겁니다. 한번은 마음을 다해 간언하는 사림파에게 "내가 듣기에 가소롭다. 지금 술과 고기를 내리니 실컷 마시고 돌아가라"와 같은 발언을 하신 적이 있지요? 명민하고 기억력이 좋은 분이니 다 기억하고 계실 줄로 압니다만…….

연산군　불손하오!

이대로 변호사　질문에 답변하십시오!

연산군　그렇소. 사림파가 절제를 즐기고 성인들의 가르침에 따르는 것은 좋으나 지나치게 고집불통이었소. 그 같은 태도를 버리고 타협하는 태도를 보였다면 우리나라 역사가 더 좋아졌을 것이오.

이대로 변호사　더 이상 무슨 말이 필요하겠습니까? 증인의 태도와 말을 들어 보니 무오사화 당시 사림을 혹독하게 처벌한 이유를 알 것 같습니다. 판사님, 이상으로 증인 신문을 마치겠습니다.

증인 신문을 지켜보던 방청객들이 술렁거렸다.

"아무리 사림의 간쟁이 심했기로서니 연산군은 왜 그렇게 사림을 미워했을까?"

"그러게 말이야. 사림의 말에도 일리가 있던데."

이를 바라보는 김딴지 변호사의 얼굴에 긴장감이 돌았다.

판사　벌써 시간이 많이 흘렀습니다. 원고와 피고, 양측 변호인 모두 수고하셨습니다. 오늘 재판은 여기서 마무리하겠습니다. 오늘 풀지 못한 문제는 다음 재판에서 다시 살펴보도록 하겠습니다. 그럼 두 번째 재판은 이것으로 마치겠습니다.

땅, 땅, 땅!

다알지 기자

시청자 여러분, 안녕하세요. 저는 지금
재판 첫째 날에 이어 여전히 열기가 뜨거운
한국사법정 앞에 나와 있습니다. 오늘은 무오사화
가 일어나게 된 시대적 배경에 대해 본격적인 공방이 펼쳐졌습니다.
연산군 때 사관이었던 피고 김일손이 사초에 스승 김종직의 「조의제
문」을 실으면서 무오사화가 일어나게 되었는데요. 원고 측이나 피고
측이나 이는 단지 도화선일 뿐 직접적인 이유는 기득권 세력인 훈구파
와 신진 정치 세력인 사림파 사이의 알력에서 빚어진 것이라는 데에는
합의에 이른 것 같습니다. 피고 측은 증인 이심원을 내세워 훈구파가
부정부패한 정치 세력이라는 걸 입증하는 데 총력을 기울였습니다. 또
원고 측 증인으로 나온 연산군을 반대 신문하는 과정에서 사림파에게
적대심이 있었다는 것을 증명했습니다. 그럼 양측 증인의 말을 들어
보도록 하지요.

이심원

　　원고 측은 나를 비롯한 사림파가 아무것도 모르는 숙맥이며 간쟁에만 능한 경험 없는 신진 정치 세력이라고 매도했습니다. 그러나 이건 훈구파의 진실을 가리려고 혈안이 돼 짜낸 묘책에 불과합니다. 원고 유자광을 비롯한 훈구파는 백성의 생활이나 원성은 들을 생각도 안 하고 제 밥그릇 챙기기에만 몰두했습니다. 오죽하면 유자광과 임사홍이 부정부패로 처벌을 받았겠습니까? 원고 측이 나라의 안위를 위해 김일손의 사초를 문제 삼았다는 것은 새빨간 거짓말입니다. 사초에 자신들의 비리가 실려 대대로 망신살이 뻗칠까 봐 절대 비밀을 지켜야 하는 사초를 빼돌린 것뿐이지요. 이건 하늘도 알고 땅도 알고 백성도 알고 후손도 다 아는 사실입니다.

연산군

　후손들이 나를 천하의 폭군이라고 매도하
는 것을 잘 알고 있소. 그런데 하나 이상한 건 사
림파가 굉장한 충신이라도 되는 양 존경받는다는 점
이오. 당시 무오사화가 왜 일어났겠소? 내가 사림파의 간쟁이 지겨워
그들을 미워하고 그들의 주장에 귀를 막았다는 건 인정하오. 그러나
사림파는 기개는 있었으나 정치적 경험이 부족한 풋내기였단 말이오.
게다가 실질적인 정치를 할 생각은 안 하고 내내 비판이나 해 대니 어
디 생산적인 일 하나 할 수 있었겠소? 우리가 요순시대에 사는 것도 아
닌데 그 같은 시대와 비교해 경거망동을 일삼는 건 망상이오. 게다가
사림파도 성종 임금의 총애를 받은 뒤론 오만방자하기가 하늘을 찔렀
소. 사화가 일어난 데에는 그만한 배경이 다 있는 거요.

『조선왕조실록』은 어떻게 세계 기록 유산이 되었을까?

교과연계

한국사
Ⅱ. 고려와 조선의 성립과 발전
  2. 유교 정치의 이상을 꽃피운 조선
    (3) 민족 문화가 크게 발전하다

1

「조의제문」,
사초에 기록되다

판사　자, 재판 마지막 날입니다. 오늘은 사초에 기록된 「조의제문」의 내용을 중점적으로 다루고, 『조선왕조실록』이 오늘날 어떤 가치를 지니는지 살펴볼 예정입니다. 양측 모두 준비되셨습니까? 어느 쪽이 먼저 하시겠습니까?

김딴지 변호사　오늘은 저희 쪽부터 하겠습니다.

판사　좋습니다. 오늘은 원고를 직접 신문하신다고요?

김딴지 변호사　그렇습니다. 무오사화의 시작부터 끝까지 지켜보았던 원고를 불러 생생한 진술을 듣고자 합니다.

판사　좋습니다.

김딴지 변호사　원고, 간단히 자기소개를 해 주세요.

유자광　나는 유자광입니다. 명망 있는 가문에서 태어났으나 서자의 신분이라는 굴레를 벗지 못하던 중 우연한 기회에 세조 임금의 눈에 들어 벼슬길에 오를 수 있었어요. 후세 사람들은 나를 가리켜 천하의 간신배니 역적이니 매도합니다. 그러나 나는 주어진 기회를 최대한 이용한 것뿐입니다. 내게 내려온 구원의 사다리를 마다할 필요가 없지 않습니까? 무오사화를 일으킨 천인공노할 역적이 아니라 다만 성실히 살고자 했던 정치인으로 기억해 주기 바랍니다.

비사
비밀리에 숨겨진 일을 뜻합니다.

김딴지 변호사　네, 화려한 자기소개로군요. 감사합니다. 원고, 무오사화의 발단이 되었던 피고 김일손의 사초에는 어떤 내용이 쓰여 있었나요?

유자광　허, 거기에는 결코 담아서는 안 될 내용이 기록되어 있었지요. 그건 세조 임금과 왕실의 추문에 관한 내용이었어요. 세조가 맏아들 의경 세자의 후궁인 귀인 권씨를 불렀으나 권씨가 이를 받아들이지 않았다는 겁니다. 세조가 무엇 때문에 귀인 권씨를 불렀는지는 분명치 않으나, 이는 자칫 세조가 며느리를 탐했다는 의혹을 살 소지가 있는 내용이었지요.

김딴지 변호사　왕실의 추문이라! 이건 어마어마한 파장을 불러일으킬 내용인데요. 그게 특히 문제가 된 이유는 무엇이었나요?

유자광　세조 임금이 죽은 1468년에 김일손의 나이가 몇 살이었는지 아시오? 겨우 네 살이었어요. 당시 궁중 **비사**를 알 리 없는 김일손이 세조 임금 시절의 궁중 비사를 기록한 게 의심스럽지 않소? 이건 틀림없이 그 배후를 의심케 하는 대목이지요.

화란
불행과 반역을 뜻합니다.

김딴지 변호사　　그러면 원고는 그 배후가 누구라고 생각하나요?

유자광　　김일손은 김종직의 애제자였어요. 그러니 배후가 누구겠소? 김종직은 세종 임금 때 태어난 인물이오. 세조 임금의 궁중 비사를 안다면 당연히 김종직이지요.

김딴지 변호사　　그렇군요. 원고는 사초에 왕실의 추문이 실린 것을 알게 된 후 연산군에게 찾아가 알렸지요?

유자광　　그렇소이다.

김딴지 변호사　　왜 연산군에게 알렸나요?

유자광　　왕실의 위엄을 해치는 일이라고 생각했기 때문이오. 신하가 전대 임금의 추문을 들추다니요? 그것도 진위가 불분명한 사안 아닙니까? 이는 신하로서 해서는 안 되는 일이고, 나아가 나라의 평화, 임금의 권위를 떨어뜨리는 행위이지요.

김딴지 변호사　　연산군에게 찾아가 뭐라고 말했습니까?

유자광　　하도 오래전 일이라 정확한지는 장담 못하겠소만, "김일손을 비롯한 사림들의 죄악은 신하 된 도리로서 한 하늘 밑에서 함께 살 수 없는 원수이니 마땅히 찾아내어 모두 죽여야만 조정이 맑고 깨끗해질 것이며, 그렇게 하지 않는다면 나머지 무리들이 일어나 얼마 안 가서 다시 화란(禍亂)이 생길 것입니다"라고 말한 것으로 기억하오.

이대로 변호사　　판사님, 이의 있습니다. 원고 측 변호인은 피고 김일손이 사관으로서의 직무를 제대로 수행하지 못했다는 듯이 일방

왜 『조선왕조실록』은 왕이 볼 수 없었을까?

적으로 몰아가고 있습니다.

김딴지 변호사　아닙니다. 저는 분명한 사실을 바탕으로 신문하고 있을 뿐입니다.

판사　민감한 사안이니만큼 다들 날카로워져 있는데요, 양측 모두 진정하시고요. 그러나 사건의 전말에 대해서 알아야 하니 원고 측 변호인은 계속 신문하세요.

김딴지 변호사　원고는 관련 당사자이니 이 사건을 누구보다도 정확하게 설명해 주시리라 생각합니다. 원고, 무오사화의 전말을 자세하게 증언해 주세요.

유자광　그러지요. 아까 끊긴 대목부터 다시 잇겠소이다. 먼저 내가 연산군께 사초와 관련된 일을 아뢰었어요. 그러자 연산군께서는 "도승지 신수근에게 사건의 전말을 기록하게 할 테니 사관도 참석하지 말 것이며, 김일손을 잡아오라!"고 하셨지요.

김딴지 변호사　그 뒤에 어떻게 되었나요?

유자광　왜 이리 성미가 급하시오? 차근차근 다 말씀드리리다. 연산군께서는 급한 성정에 사초를 모두 가져오라고 명하셨지만, 이극돈이 사초는 임금도 볼 수 없는 비밀문서라는 것을 아뢰며 만류했지요.

김딴지 변호사　이극돈이 사관의 입장을 대변한 거로군요?

유자광　그렇지요.

김딴지 변호사　그런데 왜 피고가 이극돈을 비판하고 나섰는지 통 이해가 가질 않습니다만?

유자광　그거야 평소에 김일손이 이극돈에 대해 감정이 좋지 않았기 때문이지요.

김딴지 변호사 　둘 사이에 나쁜 감정이 생길 만한 일이라도 있었나요?

유자광 　김 변호사, 이 이야기는 이극돈에게 직접 듣는 것이 어떻겠소?

김딴지 변호사 　좋습니다. 판사님, 저희 측 증인으로 이극돈을 신청합니다.

판사 　좋습니다. 증인은 나와서 선서해 주세요.

이극돈 　선서! 나, 이극돈은 신성한 법정에서 진실만을 말할 것을 맹세합니다.

김딴지 변호사 　증인, 자기소개 부탁드립니다.

이극돈 　나는 이극돈이라 합니다. 내 아버지는 우의정을 지내셨고 나를 비롯해 다섯 형제가 모두 문과에 급제하였으니 조선 전기 최고의 문벌 가문이었지요. 그런 나를 끌어내리려는 오만불손한 김일손과 사림파 일당을 그냥 두었더라면 대대로 집안의 수치가 되었을 것이오. 젊은 시절 한때 작은 비행을 저질렀기로서니 내 잘못을 낱낱이 실록에 기록해 집안 대대로 망신살 뻗치게 하는 걸 두고 볼 수 없는 노릇이었지요.

김딴지 변호사 　자기소개 감사합니다. 원고 유자광의 증언에 의하면 증인과 피고 김일손의 사이가 좋지 않았던 것 같습니다. 어쩌다 그렇게 된 것입니까?

이극돈 　오래전 일이오. 내가 시험관이 되어 예조에 있었는데, 김일손이 시험에 응시한 적이 있었지요. 나는 이미 김일손이 문장에는 능하나 심술이 많다는 말을 들었던 터라 그에 대해 좋은 느낌이 들지 않았어요. 그래서 그가 부정을 저지를지도 모르니 특별히 감시하라고 했지요!

김딴지 변호사　　피고의 입장에서는 치욕스러웠겠네요?

이극돈　　아마 그랬을 거요. 그 밖에도 사건이 또 하나 있었어요. 그날 김일손이 적어 낸 시험 답안지 중 격에 맞지 않는 게 있었어요. 주변 사람들은 1등을 주자고 했지만, 나는 격에 맞지 않는 게 있으니 2등을 주자고 했지요. 아마 이 같은 일 때문에 김일손이 나에 대해 원망하는 마음을 가졌던 것 같소.

김딴지 변호사　　그 사건 말고 또 다른 일이 있었나요?

이극돈　　유감이지만 그렇소. 이건 그 뒤의 일이지요. 내가 경상도 관찰사로 있던 시절, 김일손은 내가 다스리던 지역에 내려와서 단 한 번도 나를 찾아오지 않았어요. 나는 그때 김일손이 불손한 인물이라고 결론지었지요. 그래서 나중에 내가 이조 판서가 되었을 때 주변 사람들이 김일손을 추천했는데도 그걸 모두 거절하다가 나중에야 김일손에게 벼슬을 주었지요. 아마 이 때문에 김일손은 나에 대해 나쁜 감정을 가지고 있었을 겁니다.

김딴지 변호사　　증인과 피고 사이에 여러 일들이 있었군요. 특히 피고는 증인 때문에 승진의 길이 번번이 막혔던 것이고요. 나중에 사관이 되었을 때 증인에 대해 트집을 잡을 만했겠습니다.

이극돈　　그건 김일손의 입장이지요. 하지만 그게 어디 내 잘못이겠습니까? 다 김일손의 자질이 부족했으니 그렇게 된 것이지요. 그

런데 또 사초로 인하여 일이 커졌으니, 이것이 또 다른 원망을 낳지 않았겠어요?

김딴지 변호사　　아, 그랬군요. 피고가 사초에 증인에 대해 뭐라고 기록했습니까?

이극돈　　당시 나는 실록 편찬관 중의 한 사람인 당상관이었기 때문에 김일손이 기록한 사초를 볼 수 있었어요. 그런데 그 사초에 나에 대해 이렇게 기록했더이다. "이극돈이 벼슬을 얻게 된 것은 세조 때에 불경을 잘 외웠기 때문이고, 전라도 관찰사 시절 정희 왕후의 상을 당했을 때 관기를 가까이했다"고 말이오. 나는 이를 보고 깜짝 놀라 김일손에게 나에 대한 기록을 빼 달라고 부탁했지만 그는 단번에 거절했어요. 그래서 고민하던 끝에 이 같은 사실을 유자광에게 말했지요.

김딴지 변호사　　그러니까 결론적으로 평소 증인과 사이가 좋지 않았던 피고 김일손이 의도적으로 사초를 조작한 것이군요?

이극돈　　그렇소이다.

이대로 변호사　　판사님, 이의 있습니다. 지금 증인은 사실을 왜곡하고 있습니다. 똑같은 일을 두고도 당사자 간의 의견이 다르므로 피고 김일손을 불러 직접 이야기를 듣고 싶습니다. 허락해 주십시오.

판사　　좋습니다.

이대로 변호사　　피고, 간단히 자기소개를 해 주세요.

김일손　　나는 잘 알려진 대로 김종직의 문하에서 공부한 사람입니다. 학문을 닦는 걸 좋아하고 강직한 성격이지요. 무오사화가 일어났을 당시 유자광과 이극돈 등 훈구파의 무고로 목숨을 잃었어요. 그러잖아도 사림파에게서 빌미를 잡으려고 혈안이 된 훈구파에게 실마리를 제공한 게 회한으로 남을 따름입니다. 그 일로 스승이신 김종직의 무덤이 파헤쳐졌다는 소식을 나중에 접하고 통곡을 했지요.

이대로 변호사 감사합니다. 피고, 당시의 상황을 하나하나 증언해 주시지요.

김일손 마치 입에 꿀이라도 바른 듯이 매끄럽게 거짓말을 해 대는 유자광을 보니 화가 나 미칠 지경입니다. 당시 이극돈은 자신의 비리를 가리기 위해 나를 매수하려고 했어요. 그게 바로 거짓 하나 안 보탠 진실입니다.

이대로 변호사 아니, 매수라니요? 어떻게 피고를 매수하려고 했나요?

김일손 내가 쓴 사초를 확인한 이극돈은 "이보게, 자네가 기록한 두 가지 사실을 삭제해 줄 수 없겠는가?"라고 말했지요.

이대로 변호사 이극돈이 삭제해 주기를 바랐던 두 가지 사실은 세조 때 그가 불경을 외웠다는 것과, 전라도 관찰사 재임 시에 정희 왕후의 국상이 있었음에도 관기를 불러 잔치를 베풀었다는 것인가요?

김일손 그렇습니다. 이극돈은 자신의 비리가 낱낱이 기록될 것을 두려워했어요. 그렇게 두려우면 그런 일을 벌이지 말았어야 될 것 아닙니까? 그런데 자신의 잘못이 밝혀질까 봐 무오사화를 일으키다니!

김딴지 변호사 판사님, 이의 있습니다. 피고가 사초에 이극돈에 대

해 나쁘게 기록한 것은 그에게 나쁜 감정을 갖고 있었기 때문입니다. 피고의 사초는 이런 것들을 앙갚음하기 위한 것에 불과합니다. 피고, 그렇지 않습니까?

김일손 절대 그렇지 않아요. 나는 사사로운 감정으로 사초를 기록하지 않았습니다. 이극돈이 나를 매수하려다 실패하자 그 사초를 다른 사람들이 볼 수 없도록 봉해 놓았어요. 그러나 그는 실록청 당상인 윤효손과 짜고 담당관인 성중엄에게 나의 사초를 『성종실록』에 신지 말라고 압력을 가하기도 했지요.

이대로 변호사　　그런 일이 있었군요.

김일손　　이극돈은 사초에서 자신의 비행 사실을 빼는 것에만 관심이 있었지 나라를 위하는 충심 따위는 없었습니다.

이대로 변호사　　그러잖아도 부정부패와 비리로 한 번 된서리를 맞은 터에 그 같은 일이 또 벌어지니, 이극돈을 비롯한 훈구파 사람들이 자기 자리를 지키기 위해 필사적으로 일을 벌인 것이로군요. 그리고 이참에 사림파를 뿌리째 뽑아 버리겠다는 의도로 사초를 문제 삼기 시작한 거고요.

김일손　　그렇지요. 세조 임금의 집권기에 대해서는 할 말이 없습니다. 그러나 정통성을 어기고 권력을 찬탈한 것은 부인하지 못할 사실 아닙니까? 이에 대해 사관이 비판하지 않는다면 그것은 엄연히 직무 유기이지요.

이대로 변호사　　그다음에 이 일은 어떻게 진행되었나요?

김일손　　이극돈을 비롯한 훈구파 인사들은 연산군에게 사초의 내용을 전하고, 내가 쓴 사초에 세조 즉위의 정통성을 부인하고 세조의 도덕성과 왕실의 윤리성을 흠집 내려는 불순한 의도가 담겼다고 고하였지요.

이대로 변호사　　그러니까 피고는 사관으로서의 도리를 다한 죄로 죽임을 당한 것이군요?

김딴지 변호사　　판사님, 이 부분에서 제가 잠시 반론해도 되겠습니까?

판사　　좋습니다.

김딴지 변호사　　피고의 주장은 일견 그럴듯합니다. 그러나 그가 사초에 그 같은 내용을 쓴 의도는 전혀 순수하지 않았습니다. 세조의 집권을 부인하고 세조와 왕실 사람들에게 도덕적 타격을 입히려는 의도가 분명히 있었습니다. 세조가 쿠데타로 권력을 뺏긴 했으나 결국 왕조는 그의 후손이 이은 것 아닙니까? 이는 다음 왕들 역시 정통성이 없다는 것을 은연중에 드러내려는 아주 불손한 의도를 담은 것이지요. 피고가 승려 학조에 대한 내용을 사초에 쓴 것 역시 세조가 유교가 아닌 불교를 추종했음을 비판하기 위한 것이었습니다.

판사   승려 학조에 관한 내용이 무엇이지요?

김딴지 변호사   ▶학조는 세조의 두터운 신임을 받은 승려입니다. 여러 고승들과 함께 많은 불경을 번역·간행했으며, 세조 때 여러 차례 불교 행사를 열기도 했습니다. 그러나 학조의 진정성과는 상관없이 이 같은 내용을 사초에 실은 것 역시 세조가 불교를 따랐음을 비판한 것이었지요. 사관의 비판 의식은 높이 사지만 이것을 굳이 『성종실록』에 실으려고 했다는 것은 어느 정도 불순한 의도가 있다고밖에 볼 수 없습니다.

유자광   옳은 지적이오. 김종직이 쓴 「조의제문」 역시 그 같은 불순한 의도가 담긴 글이지요. 그게 세조를 비판한 글이라는 건 척 보아도 다 알 수 있어요. ▶▶그래서 나는 저런 반역자들을 모두 처벌하고, 그들의 문집과 판본을 모두 불태워 버리는 것은 물론 그걸 찍어 낸 사람들도 모조리 벌해야 한다고 주장한 겁니다. 모두 같은 뿌리에서 나온 반역자 무리이기 때문이지요.

이대로 변호사   원고, 마침 말씀 잘하셨습니다. 존경하는 판사님, 그리고 배심원 여러분, 지금 원고의 말을 잘 기억해 주십시오. 당시 원고 등 훈구파는 「조의제문」을 빌미로 사림파를 모조리 제거하고, 자신들이 정국의 주도권을 장악하는 계기로 이용하고자 했습니다. 행여나 사초를 적은 피고 한 명만 제거되고 그치는 것이 아닐까 노심초사하면서 말이지요.

김딴지 변호사   판사님, 피고 측 변호인의 말에 이의를 제기합니다. 앞에서도 말씀드렸지만 당시 피고의 의도가 매우 불순해서 사림파를 모두 엄히 다스려야만 했습니다. 피고의 생각에 동조하는 무리가 많으니 어떤 흉측한 변괴를 꾸밀지 알 수 없었기 때문이지요. 그 세력이 확장되면 나라에 어떤 변란이 일어날지 알 수 없는 일이지 않습니까? 판사님, 이제 제가 피고 김일손을 직접 신문하겠습니다.

판사   그렇게 하십시오.

김딴지 변호사   피고는 사초에 세조 때의 일을 기록했다는데, 이것이 모두 사실입니까?

김일손   나는 세조가 권 귀인을 불렀고, 권씨가 분부를 받들지 않았다는 사실을 있는 그대로 썼을 뿐이오.

김딴지 변호사   이 일을 누구에게 들었습니까?

김일손   말할 수 없소. 그저 전해 들은 일을 썼다는 것만 알아 두시오.

김딴지 변호사   피고, 다시 묻겠습니다. 권씨의 일을 쓸 적에 반드시 함께 의논한 사람이 있을 텐데 누구인지 말하세요.

김일손　나는 직무에 충실하고자 보고 들은 바를 있는 그대로 쓴 것뿐이오. 이같이 중한 일을 어찌 감히 다른 사람들과 의논했겠소.

김딴지 변호사　피고, 여기는 엄숙한 법정입니다. 사실대로 말씀해 주세요. 어느 때, 어느 곳에서 어느 사람과 함께 들었습니까?

김일손　들은 날짜나 장소는 기억나지 않소. 혼자 들었을 뿐이오.

김딴지 변호사　알겠습니다. 그럼 다음 질문으로 넘어가겠습니다. 증인은 **계유정난** 때 죽은 황보인과 김종서 등을 의리 있다고 사초에 기록한 적이 있지요?

계유정난
1453년에 수양 대군이 정권을
빼앗을 목적으로 반대파를 제거
한 사건입니다. 이 정변으로 김종
서, 황보인 등이 죽임을 당했고
안평 대군은 사사되었습니다.

김일손   그렇소. 내가 그렇게 쓴 것은 그들을 충신이라
고 생각했기 때문이오. 따라서 제왕이 마땅히 권장할 일이
라고 생각하여 이들의 죽음을 절개로 표현한 것이오.

김딴지 변호사   그렇군요. 그럼 「조의제문」은요? 스승 김
종직의 「조의제문」을 그대로 쓴 것 아닙니까?

김일손   …….

김딴지 변호사   피고, 사실대로 대답해 주십시오.

김일손   ……그, 그렇소.

김딴지 변호사   존경하는 판사님, 그리고 배심원 여러분, 지금 피고
의 진술을 꼭 기억해 주십시오. 방금 피고는 스승 김종직의 「조의제
문」을 그대로 쓴 것이라고 증언했습니다. 원고 유자광의 짐작대로
피고인 김일손의 배후가 바로 김종직이었던 것입니다. 사림의 영수
라고 할 수 있는 김종직이 세조를 비난하는 그런 나쁜 의도를 가지
고 있었으니, 그 밑에서 공부한 제자들이야 오죽했겠습니까! 저들은
뿌리부터 나라에 위협을 가할 존재들이었습니다.

이대로 변호사   판사님, 반대 신문을 위해 김종직을 증인으로 신청
합니다.

판사   허락합니다. 증인은 나와서 증인 선서를 해 주십시오.

김종직   선서! 나, 김종직은 진실만을 말할 것을 맹세합니다.

이대로 변호사   증인, 간단히 자기소개를 해 주세요.

김종직   나는 김종직으로 무오사화의 빌미가 된 「조의제문」을 쓴
사람입니다. 이 일로 죽은 뒤 무덤에서 파헤쳐지는 형벌을 받았으나

그에 대해 후회하지는 않아요. 정의는 언제나 살아 있고, 역사적 진실은 언젠가는 밝혀진다는 걸 믿기 때문이지요.

이대로 변호사　감사합니다. 앞에서 살펴보니 증인이 썼다는 「조의제문」의 내용은 단종의 죽음을 애도하고 세조의 왕위 찬탈을 비난하는 것으로 보이는데, 맞나요?

김종직　맞습니다.

이대로 변호사　증인의 의도에 제자들도 동의했지요?

김종직　그렇습니다. 김일손뿐만 아니라 다른 사관들도 사초에 「조의제문」을 수록했어요.

이대로 변호사　죽음을 각오하고 그런 내용을 작성한 의도가 무엇입니까?

김종직　정의가 승리하는 것이 올바른 역사라고 생각했기 때문이지요. 그런 생각으로 「조의제문」을 작성한 것이고, 이에 제자들이 동의한 것이지요.

이대로 변호사　존경하는 판사님, 그리고 배심원 여러분, 지금 증인의 증언을 잘 들으셨지요? 증인 김종직이 「조의제문」을 기록한 것은 사실입니다. 그러나 그 의도는 원고 측의 주장과 다릅니다. 원고 측에서는 김종직을 비롯한 사림들이 반역이라도 일으킬 요량으로 「조의제문」을 기록한 것으로 몰아가고 있지만, 사실은 반역을 일으키려는 의도가 아니라 정의로운 역사를 후대에 알리고 올바른 정치가 이루어지길 바라는 충성심에서 그렇게 한 것입니다.

김딴지 변호사　판사님, 반론을 위해 다시 원고의 진술을 들었으면 합니다.

판사   그렇게 하십시오.

김딴지 변호사   원고에게 묻겠습니다. 피고 측 주장이 사실입니까?

유자광   절대 아닙니다. 물론 왕위를 찬탈한 것은…… 맞는 말일 지도 몰라요. 그러나 세조 임금께서 쌓은 위업을 보십시오. 세조 임 금께서 역적의 무리들을 없앰으로써 나라의 기틀이 바로 섰고 나라 의 기강 또한 바로잡혔지요. 어찌 그런 것들은 보지 못하고 임금의 흠만 잡는 거지요? 게다가 김종직은 세조 임금 밑에서 벼슬을 한 신 하이거늘 어찌 이를 희롱할 수 있단 말이오? 만일 그 같은 일이 마음 에 걸렸다면 세조 재위 시에 벼슬을 해선 안 되었지요. 게다가 후학 들에게 알려 사초에 기록하도록 했으니, 이 같은 반역이 또 어디 있 단 말입니까?

김딴지 변호사   어떤 부분이 특히 그렇습니까?

유자광   「조의제문」은 차마 눈 뜨고 볼 수 없을 정도로 조잡했어 요. 김종직이 세조 때에 오랫동안 벼슬을 했지만 총애를 받지 못한 것을 비관하여 울분과 원망을 품고 임금을 희롱한 것이라고 볼 수밖 에 없었어요. 대역죄로 처벌한 당시의 결단이 옳았다고 생각합니다.

이대로 변호사   이의 있습니다. 훈구파는 사림파를 제거할 요량으 로 김종직의 문집까지 샅샅이 뒤졌습니다. 세조의 즉위를 부정하는 또 다른 증거 자료를 찾으려는 것이었지요. 이 기회에 김종직의 후 학들, 즉 사림파를 모두 권력의 자리에서 몰아내려는 의도에서 말입 니다!

김딴지 변호사　피고 측에서는 억지 주장을 하고 있습니다!

이대로 변호사　아닙니다. 당시 훈구파에게 사림파는 죽여도 시원치 않은 적이었을 뿐입니다. 그러니 사림들을 극악무도하게 죽였겠지요.

유자광　반역죄는 가장 큰 대역죄요. 마땅한 벌을 받았을 뿐입니다.

판사　잠시만요. 그런데 한 가지 궁금한 점이 있습니다. 원고의 주장대로 사림들이 반역죄를 저질렀다면, 원고는 이들을 고발한 대가로 상을 받았겠네요?

유자광　네, 집과 상금 등을 받았습니다.

이대로 변호사　음모와 모함의 대가로 얻은 상입니다. 정말 부끄러운 일이지요.

유자광　부끄럽다니요! 대역 죄인을 처벌하는 것이 부끄럽다면 하늘 아래 부끄럽지 않은 사람이 없을 것이오.

이대로 변호사　이 사건은 조선의 역사에서도 큰 의의를 지니고 있습니다. 성종 때부터 전개돼 왔던 훈구파와 사림파의 대립에서 사림파가 완패했다는 것이지요. 그래서 훈구파를 저지할 세력이 없어졌습니다. 또 왕도 볼 수 없는 사초가 누설됐다는 것은 역사의 심판을 받아야만 할 대목입니다. 이에 원고 측은 대대손손 비난을 면치 못하리라 봅니다. 피고, 이에 대해 어떻게 생각하십니까?

김일손　옳은 지적입니다. 사림파가 완패하면서 훈구파의 비행과 비리는 더 심해졌어요. 또한 사관이 쓴 사초를 빌미로 사화를 일으킨 일은 어느 때라도 비난받아야 합니다. 자신들의 비행이 후대에 전해질까 봐 사화를 일으켰으나, 지금 보십시오. 사화를 일으킨 일만으로도 충분히 돌팔매를 당하고 있다고 생각합니다. 손바닥으로 하늘을 가리려 한들 그것이 가능하겠습니까?

유자광　어불성설입니다. 사림파는 지나친 개혁 정책을 추진해 정국을 혼란에 빠뜨렸고, 왕권까지 능멸하고자 하는 그릇된 현실 인식

왜 『조선왕조실록』은 왕이 볼 수 없었을까?

을 지니고 있었어요. 그 같은 일이 벌어진 것은 **사필귀정**
(事必歸正)이지요.

사필귀정
모든 일은 반드시 바른 길로 돌
아간다는 의미입니다.

김일손　　이조차도 역사에 기록될 것이며, 후대에 전해져
정당하게 평가될 것으로 기대합니다. "언론은 말이 힘을
갖는 문화의 시기에는 강력한 존재이지만, 칼이 힘을 갖는 무력의
시기에는 덧없이 무력한 존재에 불과하다"는 말이 실감 날 뿐입니
다. 비록 나는 형을 받고 죽임을 당했지만 나의 노력이 헛되지는 않
았다고 생각합니다.

2

『조선왕조실록』의
가치와 특징은 무엇일까?

판사   자, 벌써 시간이 많이 흘렀습니다. 그러면 과연 실록이 어떤 가치를 지닌 것이기에 사관은 목숨을 걸고 그것을 지키고, 사람들은 거기에 비리를 올리지 않으려고 눈에 불을 켠 것일까요? 이것이 이번 재판의 마지막 사안이 될 것으로 보입니다. 그런데 본 사안은 원고와 피고의 갈등 사안이 아니고 『조선왕조실록』의 가치와 특징에 대한 논의이므로 각자 『조선왕조실록』에 대해 알고 있는 지식을 나누도록 하겠습니다. 자, 원고와 피고, 어느 쪽이 먼저 변론을 시작할까요?

김딴지 변호사   제가 먼저 발언하겠습니다. ▶『조선왕조실록』에는 태조부터 철종까지 25대 472년간의 역사가 총 1893권 888책에 수록되어 있습니다. 1925년 일본 총독부에 의해 편찬된 『고종실록』

과『순종실록』을 합치면 그 권수는 더욱 늘어납니다. 권수만으로 따진다면 중국의『명실록』이 2964권,『청실록』이 4404권이기 때문에 『조선왕조실록』보다 더 많습니다. 그렇지만 실제 쪽수로 본다면『조선왕조실록』이 훨씬 많아 세계에서 최고입니다.

판사 그렇군요.『조선왕조실록』이 세계 기록 유산으로 지정되었는데, 거기엔 특별한 이유가 있나요?

김딴지 변호사 그렇습니다. 동아시아에는 중국부터 일본, 베트남에 이르기까지 실록들이 있습니다. 그러나『조선왕조실록』만큼 우수한 것은 없습니다. 왕의 정치사를 빠짐없이 기록했다는 점에서도 그렇고, 그 내용이나 문체나 정치에 대한 비판 등 모든 것을 통틀어 볼 때 빼어난 역사 기록이라고 인정되기 때문입니다.

판사 그런데 실록은 처음에 어느 나라에서 만들어졌고 언제부터 이런 이름이 붙은 것인가요?

김딴지 변호사 실록은 처음 중국에서 만들어졌습니다. 사마천의 『사기』를 실록으로 평가하는 견해도 있습니다만 실제로 실록이라는 이름을 붙이지는 않았죠. 이후에 펴낸『양황제실록』이 처음으로 실록이라는 이름을 붙인 책입니다. 우리나라에서는 고려 시대부터 실록이 편찬되어 조선 시대까지 그대로 계승되었지요.

판사 그렇군요. 제가 듣기로『조선왕조실록』은 '이조실록(李朝實錄)'이라고 칭하기도 하고 '실록'으로 약칭하기도 하더군요. 그런데 이들 중에는『연산군일기』나『광해군일

『광해군일기』

기』와 같이 '일기'라고 부르는 것도 있던데, 이것도 실록에 포함되는 것인가요? 왜 실록이라 하지 않고 일기라고 부른 건가요?

이대로 변호사　판사님, 그건 제가 말씀드리겠습니다.

판사　좋습니다.

이대로 변호사　『연산군일기』나 『광해군일기』는 사실 모두 실록입니다. 그러나 연산군, 광해군처럼 왕위에서 쫓겨난 왕들의 실록에는 '일기'라는 이름을 붙였습니다. 다른 실록과 만드는 방법은 똑같았으나 정식 왕으로는 인정하지 않겠다는 것이지요.

판사　아, 그런 것이었군요. 『조선왕조실록』의 가치에 대해 더 설명해 주시지요.

이대로 변호사　알겠습니다. 『조선왕조실록』은 동아시아의 여느 실록보다 내용 면에서 우수합니다. 일본, 중국, 베트남 등 유교 문화권 국가엔 모두 실록이 있습니다. 그러나 기록의 왜곡이나 탈락이 없고 내용이 가장 충실한 것이 『조선왕조실록』입니다. 500년 가까운 왕조의 기록이 하나의 체계 아래 기록된 사실 역시 세계 역사상 드문 예이지요. 이런 점들 때문에 인류의 귀중한 문화유산으로 평가받은 거고, 세계 기록 유산으로 인정받은 겁니다.

판사　그렇군요. 다른 나라에도 실록이 있었는지는 몰랐네요. 그 외에 또 다른 가치가 있을까요?

이대로 변호사　금속 활자나 목활자로 된 인쇄물이라는 점에서도

그 가치를 찾을 수 있습니다. 동아시아 대부분의 실록은 한두 질에 그쳤으므로 필사본으로 만족했는데, 유독 『조선왕조실록』만 후세에 영구히 전하려는 의식 아래 네다섯 곳에 나누어 보관했기 때문에 활자 인쇄를 했던 것입니다.

판사　그럼 현재 남아 있는 실록은 모두 활자본인가요? 필사본은 없나요?

이대로 변호사　세종 이후부터 인쇄를 했기 때문에 『세종실록』이전의 실록은 필사본이었지요. 현재 전하는 대부분의 실록은 인쇄본이지만, 『광해군일기』 중초본의 경우는 필사본 형태로 전하는 특이한 사례라고 할 수 있습니다.

판사　우리나라 인쇄술의 우수성을 보여 주는 기록 문화유산이로군요! 그 밖에 또 실록의 가치가 있을까요?

이대로 변호사　그럼요. 현재 우리가 조선 시대의 정치, 사회, 경제, 문화, 생활 등 전반에 대해 알 수 있는 건 모두 실록 덕분입니다. 지배층의 적극적인 기록 정신과 역사의 교훈을 중시했던 역사의식이 녹아든 산물이지요. 실록의 편찬을 담당했던 사관들은 직필을 목숨보다 중요하게 생각했지요. 이 때문에 올바른 역사가 후손들에게 그대로 전해진 것입니다.

판사　실록에 반영된 직필 의식은 피고의 사례에서도 찾아볼 수 있겠군요.

이대로 변호사　그렇습니다. 피고가 이극돈의 요구를 들어주었더라면 스스로 부귀영화를 누렸을 것임은 물론이고 스승과 동료들까지 무참히 죽음을 당할 필요가 없었겠지요. 그러나 그는 사관의 가장 중요한 직무의 하나인 직필을 온몸으로 지켰습니다. 결코 권력과 칼에 굴복하지 않았던 것입니다. 이런 점 때문에 유네스코에서 『조선왕조실록』을 세계 기록 유산으로 인정한 것입니다.

판사   지금까지 실록의 우수성을 살펴보았는데요, 그럼 단점은 없었나요?

이대로 변호사   아무리 우수한 역사서였다 할지라도 분명히 한계는 있었지요. 우선 지배층의 역사서인 만큼 국가 정책이나 양반 관료 위주의 기록으로 가득 채워져 있다는 것입니다. 실록을 편찬하기 위한 기본 자료인 사초를 작성한 사람이 양반 관료였고, 편찬관도 그들이었으며, 목적 또한 국정에 관한 일을 정리하여 후세에 교훈을 주려는 것이었으니까요. 따라서 피지배층에 대한 기록은 소홀했으며, 이로 인하여 백성의 생활을 이해하는 데 어느 정도 한계가 있습니다.

판사   또 있나요?

이대로 변호사   일부 경우이지만, 왕조의 정당성이나 당파의 이해관계에 따라 역사적인 사실이 왜곡되기도 했습니다. 조선 건국기의 기록이나, 중기 이후 당쟁이 전개되던 시기에 편찬된 것들이 그렇습니다. 집권 당파의 이해관계에 따라 서술 내용이 달라지거나 심지어 이미 편찬된 것을 고친 경우까지 있었으니까요. '수정 실록', '개수 실록', '보수 실록'의 사례가 그런 것들입니다.

판사   그런 안타까운 일이……. 그러면 실록을 개인도 편찬할 수 있었나요?

이대로 변호사   아닙니다. 개인은 절대로 실록을 편찬할 수 없었습니다.

판사   알겠습니다. 그럼 이제 마지막으로 실록의 특징과 성격, 가

삼정승
의정부에서 국가의 정책 결정을 맡아보던 영의정, 좌의정, 우의정을 말합니다.

당상관
조선 시대 관리들의 품계 가운데 정1품부터 정3품까지를 가리킵니다. 정3품 이하 종9품까지는 당하관이라고 불렀습니다.

낭청
조선 후기에 실록청이나 도감과 같은 임시 기구에서 실무를 맡아보던 당하관 벼슬을 일컫는 말입니다. 각 관서에서 차출되었지요.

치 등에 대해서 총괄적으로 논의해 보겠습니다. 먼저 원고 측 변호인은 실록 편찬에 어떠한 사람들이 참여했는지 간략하게 설명해 주시지요.

김딴지 변호사   실록 편찬은 현재 군주의 아버지나 할아버지 대의 역사를 정리하는 것이기 때문에 군주에게 미움을 받을 수도 있는 사업이었습니다. 따라서 군건한 의지 없이는 해내기 어려운 일이었지요. 칭송하는 글만 있거나 권력에 아부하는 내용으로만 꾸며졌다면 문제 될 것이 없었겠지요. 그러나 실록에는 선왕에 대한 비판은 물론이고 정치권의 힘 있는 인사들 모두 상세하게 평가되어 있기 때문에, 편찬에 참여해서 직필을 견지한다는 것은 결코 쉬운 일이 아니었습니다.

판사   좀 더 구체적으로 말씀해 주시지요.

김딴지 변호사   우리는 실록이 사관의 주도로 편찬되었을 것이라고 생각합니다. 틀린 생각은 아니지만, 사관은 실록 편찬 과정에서 가장 중요하면서도 기초적인 작업에 주로 참여했습니다. 전반적인 편찬의 책임과 구성, 문장과 체재의 통일은 영의정을 비롯한 현직 고위 관료들이 맡았습니다. 우선 왕이 죽으면 실록 편찬을 위한 임시 기구로 실록청이 만들어집니다. 실록청에는 삼정승 중 한 사람이 편찬의 총책임을 지는 총재관을 담당하고, 그 외에 도청과 방으로 구성되었습니다. 도청과 방에는 관리자인 당상관과 실무자인 낭청이 있었지요. 사관들은 대체로 실무직인 낭청에 편성되었답니다.

판사   어떤 사람들이 도청과 방에 참여했나요? 피고 측 변호인이 말씀해 주시겠습니까?

이대로 변호사   도청의 당상관은 부제학, 대사성 등 글 잘하는 사람들로 임명했고, 실무자라고 할 수 있는 낭청은 하위급 관리들에게 맡겼습니다.

판사   실록청이란 기구는 무엇인가요?

이대로 변호사   실록의 편찬을 위해 임시로 만든 관청을 말합니다.

판사   실록이 완성되면 자동적으로 해체되나요?

이대로 변호사   물론입니다.

판사   실록청에 편성된 관리들 역시 임시로 겸직을 맡으면서 실록을 편찬했겠군요? 실록청에는 어떤 직책들이 있었나요?

이대로 변호사   실록청에 편성되는 직임은 물론 겸직입니다. 실록 편찬을 위해 임시로 구성되었기 때문입니다. 실록청은 총재관, 지관사, 동지관사, 수찬관 등의 당상관과 편수관, 기주관, 기사관 등 당하관으로 구성되었습니다.

판사   실록청의 편찬관 선발에도 신중하지 않을 수 없었겠군요.

이대로 변호사   그렇습니다. 이미 살펴보았듯이 실록 편찬관은 당대의 사실을 실록으로 편찬하여 후대에 교훈을 주는 일을 담당했기 때문에 매우 신중하게 선발되었습니다. 누구나 할 수 있는 일이었다면 세계에서 인정할 만큼 위대한 문화유산이 될 수 없었겠지요.

판사   현직 관료들이 실록 편찬에 참여했기 때문에 정치적인 문제와 상당히 연관되거나 정치권력으로부터 자유로울 수 없는 점도 있었겠군요.

이대로 변호사 물론입니다. 실록의 편찬 시 삼정승 중 한 사람이 총재관을 담당했던 것처럼 정치권력과 밀접하게 연관되었다고 할 수 있습니다. 『성종실록』 편찬 시 당상관으로 참여했던 이극돈이 사관 김일손의 사초를 보고 무오사화를 일으켰던 것 역시 실록의 편찬이 정치권력을 쥔 세력으로부터 자유로울 수 없었음을 보여 주는 단적인 예입니다.

판사 잘 알겠습니다. 끝으로 실록의 가장 큰 특징을 정리해 주시지요. 유네스코에서 세계 기록 유산으로 지정할 정도의 의미를 어디서 찾을 수 있을까요?

이대로 변호사 다양한 관청의 인사들이 실록 편찬에 참여했으나 편찬의 대원칙은 오직 한 가지였습니다. 철저한 비밀주의라는 것입니다. 누구도 실록청에 참여한 사람들에게 기사 내용을 물을 수 없었으며, 편찬관들 역시 절대로 실록청 밖으로 편찬과 관련된 어떠한 논의 내용도 유출시키면 안 되었습니다. 사관이 작성한 사초나 실록의 기사 내용을 누설할 경우 당사자가 처벌받는 것은 물론이고 아들과 손자까지 관료로 진출할 수 없었습니다. 즉 실록의 편찬은 철저한 비밀주의였지만, 기록된 내용에는 어떠한 비밀도 없다는 것이 가장 큰 특징이자 실록의 가치라고 할 수 있습니다. 이러한 가치를 인정하여 유네스코에서 세계 기록 유산으로 지정한 것이고요.

판사 양측 변호인의 소개를 통해서 실록의 가치와 특징, 성격과 의미 등을 제대로 이해할 수 있었습니다. 감사합니다. 오늘 재판은 양측의 갈등보다는 실록을 제대로 이해했다는 데 더 큰 의미를 둘 수 있을 것으로 보입니다. 잠시 휴정한 후에 원고와 피고의 최후 진술을 듣는 것으로 오늘 재판을 마무리하겠습니다.

실록의 편찬 과정

실록의 편찬은 총재관과 도청, 방 등으로 구성된 실록청이라는 임시 기구가 만들어진 뒤 추진되었습니다. 먼저 편찬의 실무 작업은 각 방의 낭청이 하고, 각 방의 당상은 낭청을 지휘했습니다. 도청의 낭청은 방에서 작성한 초초를 검토한 뒤 이를 바탕으로 중초를 작성했습니다. 도청 당상은 낭청을 지휘했고, 총지휘와 최종 감수를 담당했던 총재관과 중초본의 체재와 문장을 통일했습니다. 이를 정리하면 다음과 같습니다.

직제		임무
총재관		중초 검토, 문장과 체재의 통일, 정초 완성
도청	당상	낭청의 지휘 감독, 중초 검토
	낭청	초초의 검토, 중초 작성
방	당상	낭청의 지휘 감독, 초초 검토
	낭청	초초 작성

다알지 기자

　　오늘 마지막 재판에서는 원고와 피고가 직접 신문에 응해 치열한 논쟁을 펼쳤는데요. 원고 유자광은 피고 김일손이 왕실의 사기를 떨어뜨리고 왕을 비판하려는 불손한 의도를 가지고 스승인 김종직의 「조의제문」을 사초에 실었다고 주장했습니다. 한편 피고 김일손은 이는 사실과 다르다며 반박했습니다. 사초를 보게 된 이극돈이 자신의 비리 내용을 빼고 싶은 의도에서 자신에게 접근했고, 이 같은 시도가 실패하자 아예 다른 내용까지 트집 잡아 사림파를 제거하려는 음모를 꾸몄다는 것입니다. 마지막 증인으로 김종직이 등장해 그 글을 쓴 것은 정의를 드러내기 위해서였다고 주장했습니다. 그러면 양측 인물을 모시고 직접 말씀을 들어 보도록 하겠습니다.

유자광

소견 좁은 애송이에 불과한 김일손이 사초에
「조의제문」을 실은 의도가 무엇이겠소? 그건 다
불충한 신하인 김종직의 나쁜 물이 고스란히 제자에
게 전해졌기 때문이오. 사실 김종직은 자신이 비판한 세조 임금 때 한
자리해 먹었던 사람이 아니오? 세조 임금 밑에서 녹을 먹은 사람이 임
금이 돌아가신 후에 그런 비판을 해 대는 것은 신하의 도리가 아니라
고 생각하오. 게다가 사관이면 사관답게 객관성을 지켜야지, 이극돈을
비롯해 훈구파의 비리를 낱낱이 기록한 것은 우리 훈구파를 깎아내리
려는 수작이었다는 걸 난 잘 알고 있소.

왜 『조선왕조실록』은 왕이 볼 수 없었을까?

김일손

　대대로 부귀영화를 누리면서 제 밥그릇이
나 불리던 유자광과 이극돈이 마치 충신인 양
하는 모습이 정말 같잖소. 그들이 부정부패의 화신
이라는 건 세 살 난 어린아이도 다 아오. 그런데도 임금을 위한 마음에
서, 나라를 위한 마음에서 무오사화를 일으켰다니 정말 지나가던 개도
웃을 일이오. 눈엣가시였던 사림파를 제거하기 위해 꼬투리를 잡았다
는 것은 다들 아는 일이오. 제발 나라를 위한 충성심에서 벌인 일이라
는 헛소릴랑 집어치우시오!

김일손은 왕실의 정통성을 부정했습니다

vs

유자광은 또다시 역사의 평가를 받을 것입니다

판사 양측 모두 생각을 정리해 보셨으리라 믿습니다. 이제 원고와 피고의 최후 진술을 듣도록 하겠습니다. 원고 유자광부터 최후 진술을 하시기 바랍니다.

유자광 존경하는 판사님, 그리고 방청객 여러분, 역사적 진실은 언젠가는 꼭 밝혀지고야 맙니다. 그동안 나를 비롯한 훈구파는 깨끗한 정치 세력, 개혁 세력이라는 탈을 쓴 사림파에게 떠밀려 역사적으로 혹독한 평가를 받아 왔습니다. 유자광을 대표로 한 부정부패한 세력이자, 자신들의 이익을 위해서는 피비린내 나는 투쟁도 불사한다는 오명을 받아 왔지요. 반면 김일손을 비롯한 사림파는 그 같은 더러운 정치 세력의 희생양이며 고결한 무리로 찬양받았습니다. 그러나 과연 그럴까요? 이번 재판에서 보셨다시피 사림파는 새롭게 떠오르는 신진 정치 세력이었으나 백성과 임금의 기대만큼 대단한 정치 세력은 아니었습니다. 성종 임금 시절 총애를 누린 것을 빌미로 사사건건 임금의 발목을 잡는 논쟁을 일삼아 올바른 정치를 하지 못하게 만들었습니다. 임금이나 왕실의 권위를 땅바닥까지 떨어뜨린 오만한 정치배였습니다. 얼마나 교만하면 병에 걸린 임금에게 토론의 장으로 나오라고 대들었겠습니까? 김일손은 사초에 역사를 기록하는 것이 사관으로서의 임무이며, 이는 목에 칼이 들어와도 물러설 수 없는 일이라고 주장합니다. 그러나 사관의 임무는 역사를 올바르게 기록하는 데에 있는 것입니다. 반대파의 비리나 선왕을 깎아내리는 내용을 실으라고 사관의 자리를 준 것은 아니기 때문입니다. 김일손이 이 같은 내용을 사초에 기록한 것은, 이것을 빌미로 자신들의 정치 세력을 굳히고자 하는 의도가 다분히 실린 것이었습니다. 그러나 선왕을 욕하고 왕실의 정통성을 부정하는 것은 엄연히 반역입니다. 따라서 이 같은 김일손의 죄를 낱낱이 물어야 할 것이라고 생각합니다.

김일손   참으로 허망합니다. 살아서도 유자광의 무고에 발목 잡히더니, 죽어 저승에 와서도 유자광의 고소에 이렇듯 법정에 서게 되니 말입니다. 자신들의 비리를 덮기 위해서 시작된 사초 검열이 결국 어마어마한 사화로 번지게 된 사실엔 참 할 말이 없습니다. 유자광과 이극돈은 훈구파 비리의 온상입니다. 그런 사람들이 입을 열어 '나라를 위한다'는 말을 할 때마다 그 안에서 썩은 내가 나는 통에 역해서 참을 수 없을 지경입니다. 사초에는 임금을 비롯해 여러 대신들에 대

김일손은 선왕을 모욕하고 반역을 일으키려 했소!

사관으로서 해야 할 일을 했을 뿐이오!

한 역사적 평가가 실립니다. 그건 정말 나라님이라도 피해 갈 수 없는 것이었습니다. 그 때문에 사초는 임금이라도 볼 수 없도록 철저히 기밀을 유지한 것입니다. 이 때문에 사관은 직필을 망설이지 않았으며, 목에 칼이 들어와도 사초를 내주지 않았던 것입니다. 그러나 이같은 원칙을 무시하고 사초의 기밀을 누설하고 끝내 피바람을 일으킨 유자광 등 훈구파는 입이 열 개라도 할 말이 없어야 할 것입니다. 그런데도 그 뻔뻔한 입을 놀려 자기변호와 변명을 해 대는 꼴을 보니 참으로 가관입니다. 가장 문제가 된 스승 김종직의 「조의제문」역시 역사에 대한 올바른 평가라는 생각에서 실은 것입니다. 성리학의 바른 이념을 따를 것이냐 현실적인 실리를 따를 것이냐를 놓고 나와 사림파는 원칙을 따를 것을 천명한 것입니다. 바른 원칙을 고수하지 않는 한 현실 정치는 한없이 썩게 마련이니까요. 따라서 올바른 비판 정신에서 「조의제문」을 사초에 실은 일에 대해서는 지금도 후회하지 않습니다. 다만 나의 사초로 인해 사림파가 당해야 했던 고통을 생각하면 눈물이 앞을 가립니다. 그러나 여전히 사관으로서 해야 할 일을 했다고 생각하고, 그것이 역사를 기록하는 자의 굳건한 의지라고 생각합니다. 모름지기 판사님이 이번 소송에 대해 현명하게 판단해 주시리라 믿습니다.

판사　수고하셨습니다. 여기까지 달려오느라 원고 측과 피고 측, 그리고 배심원 여러분도 모두 수고 많으셨습니다. 4주 후에 판결서를 공개하겠습니다. 그때까지 방청객 여러분도 판결을 내려 보시기 바랍니다.

땅, 땅, 땅!

역사공화국 한국사법정 재판 번호 29 유자광 vs 김일손

주문

역사공화국 한국사법정은 유자광이 김일손을 상대로 제기한 명예 훼손에 대한 손해 배상 청구를 기각한다.

판결 이유

원고는 자신의 행위가 올바른 정치가 정착될 수 있도록 한 것이었으며, 피고 김일손의 사초 작성 행위는 왕실의 정통성을 부정하고 정국의 혼란을 야기한 것이었다고 주장했으나, 이에 대한 근거가 부족하므로 이를 기각한다.

원고와 피고의 갈등과 대립은 권력을 둘러싼 정치 세력 간의 싸움이었다고 판단된다. 피고의 사초 작성 행위로 인하여 정국의 파국이 나타났고 국가적인 위기가 초래되었다고 하지만, 피고의 임무가 사초의 작성에 있었고 그 일은 비밀을 요구하는 것으로 왕조차 보아서는 안 되는 것이었는데, 원고가 이를 보고 누설한 증인 이극돈의 말만 믿고 사화를 주도한 것은 문제가 있다.

이와 더불어 역사의 심판을 당대에 자신이 해야 하고 자신만이 할 수 있다는 신념은 도를 넘은 것이라고 할 수 있다. 원고는 사초와 관련

해서 자신은 사적인 감정이 없다고 하지만, 김일손의 스승으로 「조의제문」을 작성한 김종직과 있었던 예전의 나쁜 감정이 반영되지 않았다고 할 수 없다. 더군다나 이 문제를 사림에게 좋지 않은 감정을 가지고 있던 연산군에게 알려 사화로 비화시켜 상당수의 선비들을 죽음으로 몰고 간 점은 큰 잘못이라고 할 수 있다.

따라서 본 법정은, 원고는 사화로까지 비화시킨 자신의 행위에 대해서 반성하는 시간을 가지고, 피고는 자신의 신념에 넘치는 행동으로 말미암아 피해를 입은 많은 사람들에게 유감을 표명할 것을 권고한다.

역사공화국 한국사법정 담당 판사 공정한

"나는 보복의 달인이 아니라
의리의 달인이오!"

"이번에도 재판에서 지셨네요. 승률을 문제 삼는 유자광의 코를 납작하게 해 주겠다더니요?"

지난번에 도깨비 아가씨 영입에 실패한 뒤 마음을 고쳐먹고 새로 뽑은 비서 한소리가 김딴지 변호사에게 커피 잔을 건네며 말했다.

"에잉, 그게 어디 내 탓인가? 다 나쁜 놈들만 변호하다 보니 그런 거지. 그러고 보면 나 전공을 바꿀까 봐. 승승장구하는 이대로 변호사를 보면 가끔 약이 오르거든. 실력이야 내가 최고잖아? 다만 남들이 안 맡는 변호를 맡다 보니 승률이 형편없는 거지. 이 변호사는 대궐 같은 사무실을 턱하니 차려 놨는데, 난 이게 뭐냐고!"

부스스한 머리에 잔뜩 충혈된 눈으로 낡은 사무실을 둘러보던 김딴지 변호사가 이렇게 중얼거렸다.

"아이고, 변호사님, 승소에 연연했으면 딴죽 걸기 변호사로 나섰겠어요? 거, 생긴 대로 살아야지요. 괜히 승률이나 올리려고 착한 변론을 했다간 얼마 못 가 짐 싸서 집에 들어가야 하실걸요."

김딴지 변호사는 한소리의 말에 저도 모르게 고개를 끄덕였다.

"맞아. 너무 뻔한 건 지루하잖아? 또 나 같은 사람이 있어야 흥미진진한 한국사법정이 열리지. 안 그래? 그런 면에서 난 개척자가 맞지?"

한소리는 쓸데없는 말로 너무 띄워 주었다는 생각이 들었는지 대답을 하지 않았다.

잠시 생각에 잠겨 있던 김딴지 변호사는 한소리의 호통에 놀라 고개를 들었다.

"도대체 왜 그래? 기절초풍할 뻔했잖아!"

한소리는 대답 대신 흰 봉투를 내밀었다.

"이게 뭐야?"

봉투에는 유자광의 이름이 쓰여 있었다.

"에잉, 이 양반이 또 무슨 흰소리를 하려고 이런 걸 보냈지?"

봉투를 뜯어 내용물을 보던 김딴지 변호사가 놀라 고개를 들었다.

"도대체 무슨 일이기에 그러세요?"

김딴지 변호사는 보고 있던 문서를 한소리에게 말없이 넘겨주었다. 그건 땅문서였다.

"아니, 이게 뭐예요?"

"한 비서, 이것 좀 읽어 봐요. 내가 제대로 읽었는지 의아해서 그래."

한소리가 큰 소리로 편지를 읽었다.

김딴지 변호사, 안녕하시오.

비록 이번 재판에서 이기지는 못했지만, 살아서나 죽어서나 하고 싶던 말을 실컷 한지라 크게 여한이 남지 않을 것 같소. 그리고 우리 측 정보에 의하면 나나 훈구파에 대해서 다시 생각하는 계기가 되었다는 얘기가 간간이 들리오.

내가 재판 날은 흥분해서 김 변호사에게 호통을 쳤지만, 그에 대해선 너그러운 마음으로 용서하시오. 김 변호사가 아니었으면 나에게 재판의 기회가 달리 주어졌겠소?

그리고 곰곰이 생각해 보니 김 변호사도 나를 대변하느라 갖은 고생을 하고 공부도 많이 한 걸 잘 아오. 어떻게 보상할까 여러모로 궁리하다가 김 변호사의 낡은 사무실이 눈에 밟혔다오. 내가 보낸 땅문서엔 그럴듯한 건물도 포함되어 있소. 타워팰리스보단 못할 테지만, 내 정성으로 생각하고 부디 받아 주길 바라오. 이만 총총.

유자광

p.s. 나를 보복의 달인이라고 부르지만, 나는 동지에겐 아낌없이 베푸는 의리의 달인이오.

김딴지 변호사는 아무 말 못하고 눈만 끔벅거리고 있었다.

"한 비서, 이걸 어떡해야 하지?"

"뭘 고민하세요? 떡고물 받은 걸로 우리에게 쓰겠다는데 마음껏 누려 주지요, 뭐."

"그런데 동지라고 불리는 게 마음에 드는지 안 드는지 모르겠어. 좀 찜찜하기도 하고……."

김딴지 변호사의 어두운 표정에 한소리가 씩 웃었다.

"어차피 직업이 그런데요, 뭐. 한때의 동지가 적이 되고 적이 동지가 되는 마당에 뭘 걱정해요?"

그러면서 한소리는 부리나케 이삿짐을 꾸렸다.

왜 『조선왕조실록』은 왕이 볼 수 없었을까?

무오사화가 시작된 곳,
함양 학사루

경상남도 함양군 함양읍에는 경상남도 유형 문화재 제90호 학사루가 있습니다. 2층으로 된 누각으로 언제 지어졌는지는 알 수 없으나, 최치원이 함양 태수로 있을 때 지어 자주 올랐다고 전해지기도 합니다. 원래는 관아에 딸린 건물이었다고 하지요. 현재 함양 군청 정문 앞에 위치하고 있습니다.

학사루 앞에는 500살을 훌쩍 넘긴 느티나무가 한 그루 있었다고 합니다. 김일손의 스승이자 사림파의 큰 인물인 김종직이 함양 군수로 있을 당시 학사루 앞에 심었다고 전해집니다. 나무의 높이가 21미터에 달하고, 둘레는 2.64미터, 가지 길이는 동서로는 23미터, 남북으로는 26미터에 이를 정도로 큰 나무이지요. 그러나 함양 군청 앞으로 학사루가 이전되고 난 뒤에는 느티나무 혼자 남아 있게 되었답니다. 현재 느티나무는 학사루와 떨어져 함양초등학교에 자리 잡게 되었지요.

경치를 보고 시를 읊기에 좋아 보이는 이 학사루가 놀랍게도 연산군 때 많은 사림을 죽음으로 몰아넣은 '무오사화'의 원인이 되었다고 합니다. 당시는 세조 때부터 힘을 얻기 시작한 훈구파와 성종 때부터 정계에서 활약하기 시작한 사림파가 날카롭게 대립하던 시기였습니다. 훈구파의 주요 인물이었던 유자광이 경상도 관찰사로 있을 때 학사루를 보고 아름다운 경치에 감탄하여 시를 지어 현판으로 걸어 놓았다고 합니다. 그런데 학사루에 걸려 있던 유자광의 시를 함양 군수로 부임한 김종직이 '소인배의 글'이라며 떼어 버리도록 하였지요. 이 일로 유자광은 김종직에게 앙심을 품었고, 이는 이후 사림파를 쓸어버리는 무오사화의 한 원인이 되기도 하였답니다.

　기록에 따르면 임진왜란 때 불탄 학사루를 1692년 숙종 때 다시 지었다고 합니다. 원래는 객사의 부속 건물이었는데, 일제 강점기에 학사루를 제외한 다른 건물들이 모두 사라졌지요. 화려하진 않지만 조선 시대 관청에서 지은 누각 건축의 전형적인 모습을 보여 주는 조화롭고 안정된 건축물입니다.

찾아가기 경상남도 함양군 함양읍 운림리

함양 학사루

함양 학사루 앞에 있었던 느티나무

『역사공화국 한국사법정 29 왜 조선왕조실록은 왕이 볼 수 없었을까?』와 관련한 논술 문제를 풀어 봅시다.

※ 다음 제시문을 읽고 물음에 답하시오.

(가) 이극돈은 지관사(춘추관의 정2품 벼슬)라는 벼슬에 있으면서 사림파의 큰 인물인 김종직의 제자 김일손이 사초에 「조의제문」을 넣은 것을 발견합니다. 이극돈은 사초나 실록은 왕이라 하더라도 함부로 볼 수 없음을 무시하고 당시 왕이던 연산군에게 이를 고하지요. 이로 인해 수많은 사림파가 희생되고 맙니다.

(나) 나폴레옹 시대의 프랑스 최대 일간지는 〈모니퇴르〉였습니다. 프랑스 혁명 과정에서 시민 혁명을 옹호하면서 최대의 일간지로 부상했지요. 하지만 반혁명적인 나폴레옹이 집권하자마자 반대로 나폴레옹을 지지하는 모습을 보입니다. 이후 〈모니퇴르〉는 권력에 발맞추어 나폴레옹을 '살인마'라고 표현하기도 하고 '황제'로 표현하기도 하지요.

1. (가)는 『조선왕조실록』의 편찬을 책임지고 있던 이극돈과 관련된 내용이고, (나)는 일간지 〈모니퇴르〉에 관한 내용입니다. (가)와 (나)를 보며 언론의 역할에 대해 쓰시오.

※ 다음 제시문을 읽고 물음에 답하시오.

- **『조선왕조실록』의 의의** : 『조선왕조실록』은 태조에서 철종까지 472년 간의 역사적 사실을 각 왕별로 기록한 조선 왕조의 역사서 입니다. 현재 국보 151호로 지정되어 있고, 1997년에는 유네스코 세계 기록 유산으로 등록되어 세계적으로 그 가치를 인정받기도 하였습니다.

- **『조선왕조실록』의 제작** : 조선에서는 왕이 죽으면 다음 왕이 선대 왕의 업적을 기록한 『조선왕조실록』을 만들었습니다. 예를 들어 세종이 죽은 뒤 그의 아들이자 왕이 된 문종이 『세종실록』을 만들 것을 명하였지요.

• **『조선왕조실록』의 제작 과정**

1) 평소 왕의 업적을 기록해 둡니다. 이것을 '사초'라고 하며 '춘추관'에 보관합니다.

2) 춘추관에 실록을 만드는 기구인 실록청이 설치됩니다.

3) 여러 곳에서 들어온 사초를 합치고 정리해서 '초초'를 완성합니다.

4) 초초를 가지고 고칠 것을 고치고 뺄 것을 빼서 '중초'를 만듭니다.

5) 중초를 고쳐서 '정초'를 만듭니다.

6) 정초를 인쇄해 '실록'을 완성합니다.

7) 완성된 실록은 사고에 보관합니다.

8) 실록을 편찬한 뒤 그 초고인 사초를 물에 씻어 기록을 없애는 '세초' 작업을 합니다.

2. 윗글은 『조선왕조실록』의 의의와 제작에 관한 내용입니다. 윗글을 보고 든 의문을 이유와 함께 쓰시오.

왜 『조선왕조실록』은 왕이 볼 수 없었을까?

해답 1 (가)에서 이극돈은 누구보다 중립을 지켜야 할 실록의 책임 자임에도 불구하고 실록의 내용을 발설하는 행동을 합니다. 이로 인해 많은 인물이 목숨을 잃게 되지요. 이극돈은 자신의 자리를 정치적으로 이용한 것입니다. 그리고 (나)에서 〈모니퇴르〉지는 권력이 이동하는 데 따라 기사의 방향을 달리하는 모습을 보입니다. 언론의 중립성이 없이 행동한 것이지요. (가)와 (나) 같은 모습은 올바른 언론인의 모습도, 올바른 언론의 모습도 아닙니다. 언론은 권력이나 사리사욕에 휘둘리지 않아야 하기 때문이지요. 진실을 밝히고 또 진실을 알려야 할 의무를 가지는 것이 언론이기 때문입니다.

해답 2 〈예시1〉 '『조선왕조실록』의 의의'를 보면 『조선왕조실록』이 태조부터 철종까지밖에 없는 것으로 나와 있습니다. 하지만 조선 철종 이후에 고종과 순종이 있습니다. 그렇다면 왜 『조선왕조실록』을 철종까지 왕별로 기록한 조선 왕조의 역사서라고 말하는 것일까요? 〈예시2〉 『조선왕조실록』은 최대한 객관적인 역사적 사실을 담고 있습니다. 그런데 왜 초초를 그대로 쓰지 않고 고칠 것을 고치고 뺄 것을 빼는 작업을 두 번이나 거치는 것일까요?

* 해답은 예시로 제시된 내용입니다.

왜 『조선왕조실록』은 왕이 볼 수 없었을까?

역사공화국 한국사법정 29

왜 『조선왕조실록』은 왕이 볼 수 없었을까?

© 김경수, 2011

초   판 1쇄 발행일 2011년 4월 11일
개정판 1쇄 발행일 2014년 8월 11일
개정판 5쇄 발행일 2021년 9월 10일

지은이   김경수
그린이   고영미
펴낸이   정은영

펴낸곳   (주)자음과모음
출판등록   2001년 11월 28일 제2001-000259호
주소   10881 경기도 파주시 회동길 325-20
전화   편집부 (02) 324-2347 경영지원부 (02) 325-6047
팩스   편집부 (02) 324-2348 경영지원부 (02) 2648-1311
이메일   jamoteen@jamobook.com

ISBN 978-89-544-2329-8 (44910)